技工院校会计专业教材
高等职业院校会计专业教材

会计基本技能习题册

戚真　主编

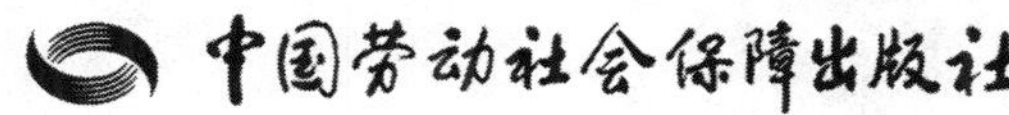

简　介

本书为《会计基本技能》的配套习题册。本书题型设计多样，包括选择题、判断题、技能练习题等，力求充分体现教材的重点和难点，反映实际工作中将接触的具体问题，使学生能够掌握有关知识和原理，并具有解决实际问题的能力。

本书由戚真任主编，杨艳、于盼盼参加编写。

图书在版编目(CIP)数据

会计基本技能习题册 / 戚真主编. -- 北京：中国劳动社会保障出版社，2025. --(技工院校会计专业教材)(高等职业院校会计专业教材). -- ISBN 978-7-5167-6737-5

Ⅰ. F230-44

中国国家版本馆 CIP 数据核字第 2025UK0773 号

会计基本技能习题册

KUAIJI JIBEN JINENG XITICE

中国劳动社会保障出版社出版发行

（北京市惠新东街 1 号　邮政编码：100029）

*

北京市科星印刷有限责任公司印刷装订　　新华书店经销

787 毫米×1092 毫米　16 开本　4.25 印张　97 千字

2025 年 6 月第 1 版　　2025 年 6 月第 1 次印刷

定价：9.00 元

营销中心电话：400-606-6496

出版社网址：https://www.class.com.cn

https://jg.class.com.cn

目录

项目一　会计书写和填制

任务一　阿拉伯数字的书写

一、单项选择题

1. 阿拉伯数字的宽窄与长短比例应（　　），字形应完全一致，不能多笔或少笔。
   A. 正规　　B. 匀称　　C. 工整　　D. 独立
2. 阿拉伯数字间一般应空出（　　）数字的位置，且间隙大小相等。
   A. 半个　　B. 一个　　C. 一个半　　D. 两个
3. 书写阿拉伯数字时，应自右上方向左下方倾斜（　　）。
   A. 15°~30°　　B. 30°~45°　　C. 40°~55°　　D. 45°~60°
4. 在记账过程中发现账簿记录发生错误时，应采用（　　）更正法进行更正。
   A. 刮擦　　B. 涂改　　C. 划线　　D. 挖补
5. 人民币伍万叁仟捌佰伍拾元整的小写金额应为（　　）。
   A. 53 850.00　　B. 53 850.00 元　　C. ￥53 850.00　　D. ￥53 580.00

二、多项选择题

1. 书写阿拉伯数字时，数字应（　　）。
   A. 小　　B. 整　　C. 斜　　D. 齐
2. 书写阿拉伯数字时，应按照（　　）的顺序书写，不可逆方向书写。
   A. 从右向左　　B. 从左向右　　C. 从高位到低位　　D. 从低位到高位
3. 在有金额分位格的账表、凭证上，填写的数字应（　　）。
   A. 工整　　B. 连笔　　C. 规范　　D. 满格
4. 书写阿拉伯数字时应使用（　　）笔。
   A. 铅　　B. 圆珠　　C. 蓝黑色钢　　D. 碳素墨水
5. 在单据和账表上书写阿拉伯数字时，应（　　）。
   A. 大小匀称，独立有形　　B. 有一定的斜度
   C. 有高度标准　　D. 自上而下，先左后右

三、判断题

1. 阿拉伯数字从字形上看，既不能垂直，也不能过度歪斜，更不能左倾右斜，毫无整齐感。（　　）

2. 书写阿拉伯数字“6”时，起笔应略高于其他阿拉伯数字，大约高出 1/2。（　　）

3. 书写阿拉伯数字“7”和“9”时，起笔应略低，末笔出底线约数字高度的 1/4。（　　）

4. 阿拉伯数字间不要连接，也不能留空格，以不能增加数字为好，以防被篡改。（　　）

5. 用阿拉伯数字记数时，整数部分应采用“三位一节”的记数方法。（　　）

四、技能练习题

1. 在表 1-1-1 中规范书写阿拉伯数字 0~9 各一行。

表 1-1-1　阿拉伯数字书写练习表

1																								
2																								
3																								
4																								
5																								
6																								
7																								
8																								
9																								
0																								

2. 对照表 1-1-2 中的数字书写没有数位线的小写金额（重复书写，将表格写满）。

表 1-1-2　没有数位线的小写金额书写练习表

¥*28 937.00*	¥*4 290 156.20*	¥*6 473.58*	¥*12 984.05*	¥*596 234.17*

3. 将表 1-1-3 里的中文大写金额写成对应的小写金额。

表 1-1-3　金额大小写练习表

中文大写金额	小写金额
人民币伍拾柒元贰角肆分	
人民币陆佰叁拾万零玖分	
人民币壹拾玖万零贰拾元整	
人民币捌拾万元整	
人民币柒仟肆佰元零伍角整	
人民币贰万零陆角整	
人民币伍佰捌拾元贰角整	
人民币玖万陆仟贰佰柒拾肆元伍角捌分	
人民币叁佰万零柒拾元零壹角整	
人民币陆万零壹佰零肆元零玖分	

4. 将阿拉伯数字 0~9 反复书写，每天书写不少于 30 分钟，且符合标准。要求财会专业学生达到三级标准，非财会专业学生达到四级标准。

一级：2. 5 分钟以内完成；二级：3 分钟以内完成；三级：3. 5 分钟以内完成；四级：4 分钟以内完成。

任务二　中文大写数字的书写

一、单项选择题

1. 中文大写金额的标准字样中，属于数码的是（　　）。

A. 角　　B. 叁　　C. 仟　　D. 元

2. 金额￥126. 03 对应的中文大写金额是（　　）。

A. 人民币壹佰贰拾陆元零叁分　　B. 人民币：壹百贰拾陆元零叁分

C. 人民币壹佰贰拾陆元叁分　　D. 人民币：壹佰贰拾陆元叁分

3. 下列关于“整”的用法的说法，不正确的是（　　）。

A. 到“元”为止的金额末尾，不需加“整”或“正”字

B. 到“角”为止的金额末尾，可不加“整”或“正”字

C. 到“分”为止的金额末尾，不加“整”或“正”字

D. ￥37. 90 对应的中文大写金额为人民币叁拾柒元玖角整

4. 在填写票据日期时，如果日期是下列选项中的（　　）月，前面可以不加“零”。

A. 1　　B. 7　　C. 10　　D. 2

5. 金额￥6 460.50对应的中文大写金额是（　　）。

A. 人民币陆仟肆佰陆拾零元伍角零分

B. 人民币陆仟肆百陆拾元零伍角整

C. 人民币陆仟肆佰陆拾元伍角

D. 人民币陆仟肆佰陆拾元零伍角整

二、多项选择题

1. 中文大写金额的标准字样中，是数位词的有（　　）。

A. 拾　　B. 伍　　C. 亿　　D. 整

2. 下列关于"零"的用法的说法，正确的有（　　）。

A. 如果小写金额中间有一个"0"，中文大写金额也要写"零"

B. 如果小写金额中间有连续几个"0"，中文大写金额可以只写一个"零"

C. 小写金额万位或元位是"0"，或者金额中连续有几个"0"，且万位、元位也是"0"，但千位、角位不是"0"时，中文大写金额中可以只写一个"零"，也可以不写"零"

D. 如果小写金额角位是"0"，分位不是"0"，大写金额元后面应写"零"

3. 在填写票据日期时，如果日期为下列选项中的（　　）日，应在其前面加"零"字。

A. 1　　B. 8　　C. 20　　D. 30

4. 某员工将金额￥2 004.00的中文大写金额错写为"人民币贰千另肆元"，其错误原因有（　　）。

A. 漏写了"壹"　　B. 将"零"错写成了"另"

C. 将"仟"错写成了"千"　　D. "元"后少写了"整"字

5. 某员工将金额￥15.02的中文大写金额错写为"人民币：拾伍元贰分"，其错误原因有（　　）。

A. 漏写了"壹"　　B. 漏写了"零"字

C. 漏写了"整"字　　D. 多加了冒号

三、判断题

1. 书写中文大写金额时不得随意简写，不得自行造字，可以大小写混用。（　　）

2. 中文大写金额前应添加"人民币"字样。（　　）

3. 书写中文大写金额时，"人民币"与金额数字之间应留有空白，不得添加冒号。（　　）

4. 书写中文大写金额时，大写金额一律不准涂改。如果写错，必须将相关票据作废，重新填写。（　　）

5. 票据出票日期必须大写，使用小写数字填写的，银行不予受理。（　　）

四、技能练习题

1. 在表 1-2-1 中重复书写中文大写数字和金额单位，要求字迹工整、清晰。

表 1-2-1　中文大写数字和金额单位书写练习表

零	壹	贰	叁	肆	伍	陆	柒	捌
玖	拾	佰	仟	万	亿	元	角	分

2. 在表 1-2-2 中写出各栏小写金额对应的中文大写金额。

表 1-2-2　中文大写金额练习表

小写金额	中文大写金额
¥1 302. 50	
¥5 006. 19	
¥8 700. 37	
¥306 450. 68	
¥105 000. 16	
¥106. 02	

（续表）

小写金额	中文大写金额
¥47.54	
¥170 023.00	
¥0.98	
¥54 502.86	
¥9 300.50	
¥240 601.07	
¥100 000.00	

3. 在表 1-2-3 中规范填写票据日期。

表 1-2-3　票据日期练习表

日期	填写内容
2013 年 10 月 15 日	
2004 年 11 月 30 日	
2009 年 2 月 19 日	
2022 年 5 月 7 日	

4. 每 6 位学生为一组，每 2 组进行比赛。每人分别给对方组报出 2 个小写日期和 2 个小写金额，对方组成员写出相应的中文大写内容，记录在表 1-2-4 中。在规定时间内看哪一组的准确率高、速度快。

表 1-2-4　中文大写金额和票据日期练习表

出题内容	填写内容

任务三　会计凭证的填制

一、单项选择题

1. 原始凭证又称（　　）。

A. 凭证　　B. 票据　　C. 单据　　D. 凭据

2. 记账凭证又称（　　）。

A. 记账凭单　　B. 单据　　C. 票据　　D. 凭证

3. 填写原始凭证时，小写金额（　　）。

A. 可以连笔填写　　B. 可以跳格填写

C. 可以用铅笔填写　　D. 逐个书写，不可连笔

4. 小写金额￥2 023.00 对应的中文大写金额是（　　）。

A. 两千零二十三元　　B. 贰仟零贰拾叁元

C. 人民币贰仟零贰拾叁元整　　D. 人民币贰仟零贰拾叁元

5. 小写金额￥119.81 对应的中文大写金额是（　　）。

A. 一百一十九元八角一分　　B. 人民币壹佰壹拾玖元捌角壹分

C. 人民币壹佰壹拾玖元捌角壹分整　　D. 壹佰壹拾玖元捌角壹分整

6. 票据上的 10 月 9 日应写为（　　）。

A. 10 月 9 日　　B. 十月九日　　C. 拾月玖日　　D. 壹拾月零玖日

7. 某笔货款的中文大写金额为壹万伍仟捌佰贰拾元叁角整，在填写发票时，小写金额应写为（　　）。

A. ￥15 820.30　　B. ￥15 820.30 元

C. 15 820.3　　D. ￥15 820.3

8. 书写中文大写日期时，下列选项中的（　　）必须在日期前加“零”。

A. 12 日　　B. 25 日　　C. 31 日　　D. 6 日

9. 关于中文大写金额的书写，下列说法正确的是（　　）。

A. 可以使用未经国务院公布的简化数字　　B. 可以用“另”代替“零”

C. 可以用“毛”代替“角”　　D. 应该用正楷或行书字体书写

10. 下列单据中不能作为原始凭证的是（　　）。

A. 发票　　B. 购销合同　　C. 支票存根　　D. 火车票

11. 下列单据中属于原始凭证的是（　　）。

A. 购销合同　　B. 预算书

C. 固定资产累计折旧计算表　　D. 银行存款余额调节表

12. 下列选项中不属于原始凭证基本内容的是（　　）。

A. 填制凭证单位名称　　B. 记账标记

C. 凭证编号　　D. 凭证金额

13. 下列选项中，体现原始凭证真实性的是（　　）。

A. 凭证日期是否真实　　B. 经济业务是否违反国家法律

C. 凭证选项要素是否齐全　　D. 凭证金额填写是否正确

14. 如果原始凭证填写错误，下列做法正确的是（　　）。

A. 可以刮擦挖补进行补救

B. 本单位会计人员可代为修改

C. 金额错误的，可由原单位在凭证上直接修改

D. 金额错误的，由原出具单位重开

15. 下列选项中，属于原始凭证和记账凭证共有的是（　　）。

A. 记账符号　　B. 接收凭证单位名称

C. 会计科目　　D. 经济业务事项的金额

16. 填制记账凭证时，错误的做法是（　　）。

A. 根据相关原始凭证逐一填写

B. 根据若干张同类型经济业务原始凭证汇总填写

C. 根据不同经济业务汇总填写

D. 根据原始凭证汇总表填写

17. 一笔经济业务需要填制多张记账凭证时，可采用（　　）编号法。

A. 分数　　B. 双重　　C. 字号　　D. 单一

18. 如果填制记账凭证时出现错误，正确的处理方法是（　　）。

A. 在原凭证上直接修改

B. 重新填制一张新的记账凭证

C. 在原记账凭证上修改并由会计人员签字盖章

D. 运用错账更正法进行更正

19. 企业将现金存入银行时，需要填制的记账凭证是（　　）。

A. 收款凭证　　B. 付款凭证　　C. 转账凭证　　D. 以上均可

20. 记账凭证应由（　　）填写。

A. 单位负责人　　B. 会计人员　　C. 经办人员　　D. 主管人员

二、多项选择题

1. 记账凭证包括（　　）。

A. 转账凭证　　B. 原始凭证　　C. 合同　　D. 管理制度

2. 原始凭证的填写内容主要包括（　　）。

A. 填写日期　　B. 经济业务内容或事项

C. 金额和数量　　D. 经办人签名或盖章

3. 原始凭证的填写要求有（　　）。

A. 记录真实　　B. 手续完备

C. 编号连续　　D. 不可涂改、刮擦、挖补

4. 下列单据中属于一次凭证的有（　　）。

A. 收料单　　B. 领料单　　C. 汇总原始凭证　　D. 限额领料单

5. 在会计凭证中，属于自制原始凭证的有（　　）。

A. 工资结算单　　B. 限额领料单

C. 购买货物取得的发票　　D. 火车票

6. 填写票据和结算凭证的基本要求有（　　）。

A. 票据出票日期使用小写数字填写的，银行不予受理

B. 中文大写金额使用正楷或行书字体书写

C. 大写金额数字应紧挨“人民币”填写，不得留有空白

D. 阿拉伯数字小写金额前应加“￥”符号

7. 如果原始凭证金额书写错误，下列做法不正确的有（　　）。

A. 直接在原始凭证上修改　　B. 使用涂改液进行修改

C. 取得凭证的人员可以进行修改　　D. 由原单位重新开具

8. 记账凭证必须根据审核无误的原始凭证填制，除（　　）的记账凭证可以不附原始凭证外，其他记账凭证必须附原始凭证。

A. 收款　　B. 转账　　C. 结算　　D. 更正错账

9. 审核记账凭证时，审核的主要内容有（　　）。

A. 内容是否真实

B. 项目是否齐全

C. 书写是否正确

D. 借贷方向、会计科目及金额是否正确

10. 下列选项中，不符合原始凭证填制要求的有（　　）。

A. 外来原始凭证不必有经办人的签字，但必须有公章

B. 自制原始凭证不必有公章，也不必由经办人签字

C. 币种符号和金额之间不可留有空白

D. 原始凭证记载的单位名称可以是简称

三、判断题

1. 很多原始凭证并不是由会计人员填写而是由业务经办人员填写。（　　）

2. 填写原始凭证时，单位名称可以简写。（　　）

3. 从外部取得的原始凭证，必须盖有填制单位的公章或者财务专用章。（　　）

4. 填写原始凭证时，金额一律填写到角、分。无角无分的，写“00”或符号“—”。有角无分的，分位写“0”，不得用符号“—”。（　　）

5. 发票、支票等重要凭证在因出现错误作废时，可直接撕毁并重新开具。（　　）

6. 原始凭证金额有错误的，应当由出具单位重开，不得在原始凭证上更正。（　　）

7. 原始凭证有其他错误的，收票单位可直接更正，更正处应当加盖收票单位印章。（　　）

8. 从外单位取得的原始凭证遗失时，应取得原签发单位盖有公章的证明，并注明原始凭证的号码、金额、内容等，由经办单位会计机构负责人、会计主管人员和单位负责人批准后，才能代作原始凭证。（　　）

9. 所有会计凭证必须同时具有大小写金额。（　　）

10. 自制原始凭证是由企业财务部门自行填制的原始凭证。（　　）

11. 一般来讲，复印的原始凭证可以作为记账的依据。（　　）

12. 原始凭证较多时可以单独装订。（　　）

13. 自制原始凭证都是一次凭证。（　　）

14. 会计凭证按照填制程序和用途不同可分为原始凭证和记账凭证。（　　）

15. 记账凭证是介于原始凭证和账簿之间的中间环节。（　　）

16. 记账凭证必须附有原始凭证。（　　）

17. 记账凭证必须连续编号。如果一笔经济业务需要填制两张以上的记账凭证，可以采用分数编号法编号。（　　）

18. 所有原始凭证都必须由会计人员审核。（　　）

19. 记账凭证的过账栏内标记“√”，表示已经记账。（　　）

20. 记账凭证与原始凭证最大的区别是记账凭证需要编制会计分录。（　　）

四、技能练习题

1. 2024 年 2 月 5 日，某单位会计将单位营业现金收入缴存银行。其中，面值 100 元的 120 张，面值 50 元的 136 张，面值 20 元的 100 张，面值 10 元的 80 张，面值 1 元的 5 张。请据此填写现金缴款单（见图 1-3-1）。

中国建设银行　现金缴款单

客户填写	收款人户名									
	收款人账号					收款人开户行				
	缴　款　人					款 项 来 源				
	币种（√）	人民币□ / 外币：	大写：							亿 千 百 十 万 千 百 十 元 角 分
	券 别	100元	50元	20元	10元	5元	2元	1元		辅币（金额）

010030IGG　210×148mm

图 1-3-1　现金缴款单

2. 2024 年 2 月 19 日，某公司采购员李强报销差旅费。此前李强曾预借差旅费 1 500 元，相关票据见图 1-3-2 至图 1-3-6。请据此填制差旅费报销单（见图 1-3-7）。

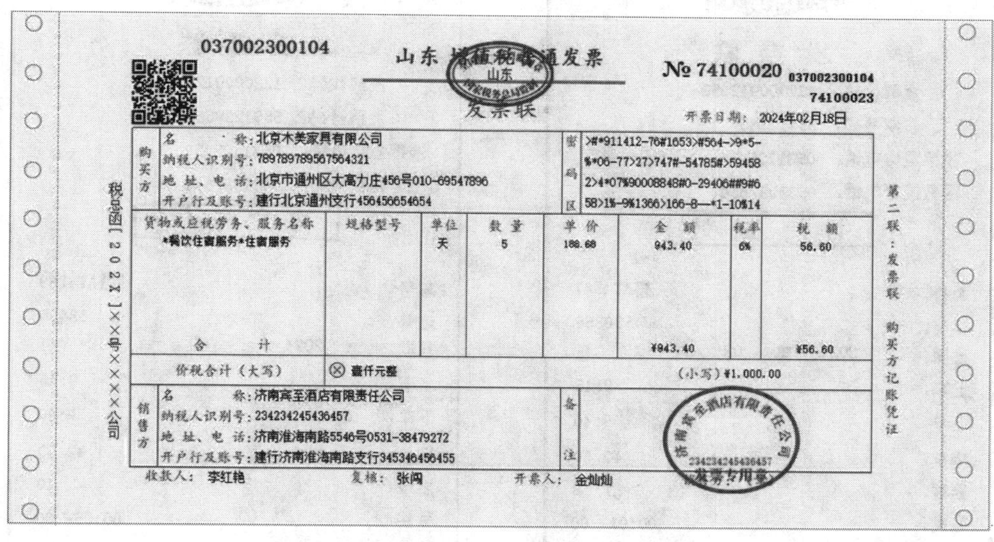

037002300104

山东增值税普通发票

发票联

№ 74100020 037002300104 74100023

开票日期：2024年02月18日

购买方	名　　称：北京木美家具有限公司 纳税人识别号：789789789567564321 地 址、电 话：北京市通州区大高力庄456号010-69547896 开户行及账号：建行北京通州支行456456654654	密码区	>#*911412-76#1653>#564->9*5- %*06-77>27>747#-54785#>59458 2>4*07%90008848#0-29406##9#6 58>1%-9%1366>166-8—*1-10%14

货物或应税劳务、服务名称	规格型号	单位	数量	单价	金额	税率	税额
*餐饮住宿服务*住宿服务		天	5	188.68	943.40	6%	56.60
合　　计					¥943.40		¥56.60
价税合计（大写）	⊗壹仟元整				（小写）¥1,000.00		

销售方	名　　称：济南宾至酒店有限责任公司 纳税人识别号：234234245436457 地 址、电 话：济南淮海南路5546号0531-38479272 开户行及账号：建行济南淮海南路支行345346456455	备注	济南宾至酒店有限责任公司 234234245436457 发票专用章

收款人：李红艳　　复核：张闯　　开票人：金灿灿

税总函［202X］××号×××公司

第二联：发票联　购买方记账凭证

图 1-3-2　住宿发票

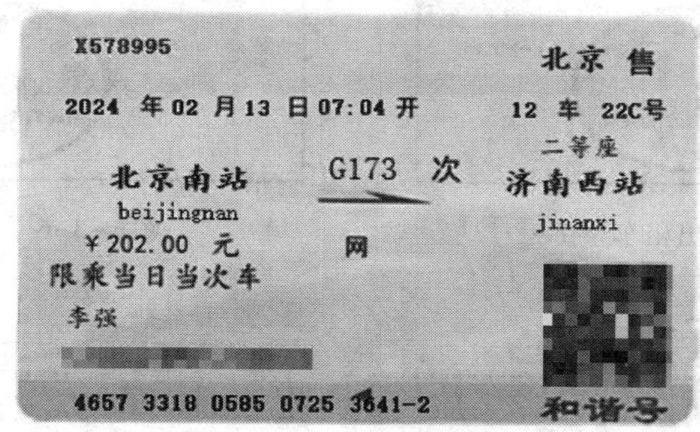

X578995　　北京 售

2024 年 02 月 13 日 07:04 开　　12 车 22C 号

二等座

北京南站　G173 次　济南西站

beijingnan　　jinanxi

¥202.00 元　网

限乘当日当次车

李强

4657 3318 0585 0725 3641-2　和谐号

图 1-3-3　火车票 1

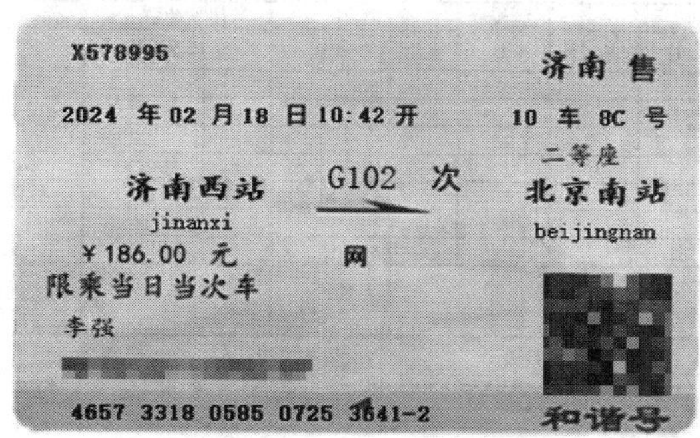

X578995　　济南 售

2024 年 02 月 18 日 10:42 开　　10 车 8C 号

二等座

济南西站　G102 次　北京南站

jinanxi　　beijingnan

¥186.00 元　网

限乘当日当次车

李强

4657 3318 0585 0725 3641-2　和谐号

图 1-3-4　火车票 2

济南……车统一发票

TAXI RECEIPT

发票联

发票代码：122000912059

发票号码：55912345

发票查询电话：0531123456

服务监督电话：0531987654

书写无效

车号：鲁AT4567

证号：580356

日期：2024 年 02 月 13 日

上车：9:15

下车：9:40

单价：¥2.50

里程：8

等候：00:01：00

金额：¥20.00

卡号：

原额：

余额：¥-20.00

批号：47953530

图 1-3-5 出租车票 1

济南……车统一发票

TAXI RECEIPT

发票联

发票代码：122000912059

发票号码：55912395

发票查询电话：0531123456

服务监督电话：0531987654

书写无效

车号：鲁AT4789

证号：58496

日期：2024 年 02 月 18 日

上车：9:15

下车：9:40

单价：¥2.50

里程：10

等候：00:05：00

金额：¥25.00

卡号：

原额：

余额：¥-25.00

批号：47953530

图 1-3-6 出租车票 2

差旅费报销单

部门＿＿＿＿＿＿＿＿ 年 月 日

出差人									出差事由						
出发				到达				交通工具	交通费		出差补贴		其他费用		
月	日	时	地点	月	日	时	地点		单据张数	金额	天数	金额	项目	单据张数	金额
													住宿费		
													市内车费		
													通信费		
													办公用品费		
													不买卧铺补贴		
													其他		
合计															
报销总额	人民币（大写）								预借金额				补领金额		
													退还金额		

附件 张

主管 审核 出纳 领款人

图 1-3-7 差旅费报销单

3. 2024 年 2 月 20 日，北京通途商贸有限公司的出纳张芳需签发一张现金支票，支取现金 1 000 元。该公司信息如下：

公司全称：北京通途商贸有限公司

开户行：中国工商银行海淀支行

账号：7865432994567

要求：

（1）按照原始凭证的填制要求填写一张现金支票（见图 1-3-8）。

（2）指出支票应盖上印章的位置。

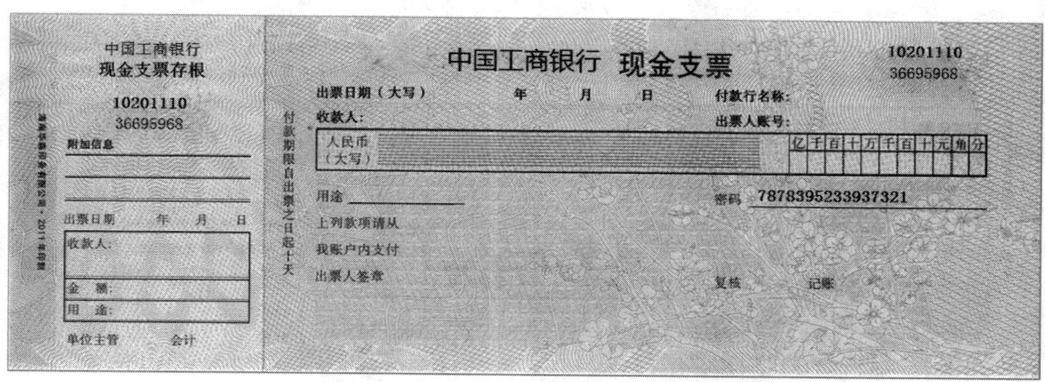
中国工商银行
现金支票存根
10201110
36695968
附加信息
出票日期 年 月 日
收款人:
金 额:
用 途:
单位主管 会计

付款期限自出票之日起十天

中国工商银行 现金支票 10201110 36695968
出票日期（大写） 年 月 日 付款行名称:
收款人: 出票人账号:

人民币（大写）	亿	千	百	十	万	千	百	十	元	角	分

用途 密码 7878395233937321
上列款项请从
我账户内支付
出票人签章 复核 记账

图 1-3-8 现金支票

4. 2024 年 2 月 20 日，北京木美家具有限公司收到银行进账单回单（见图 1-3-9），相关款项为天津德胜仓储有限公司所付的前欠货款。请据此填制收款收据（见图 1-3-10）。

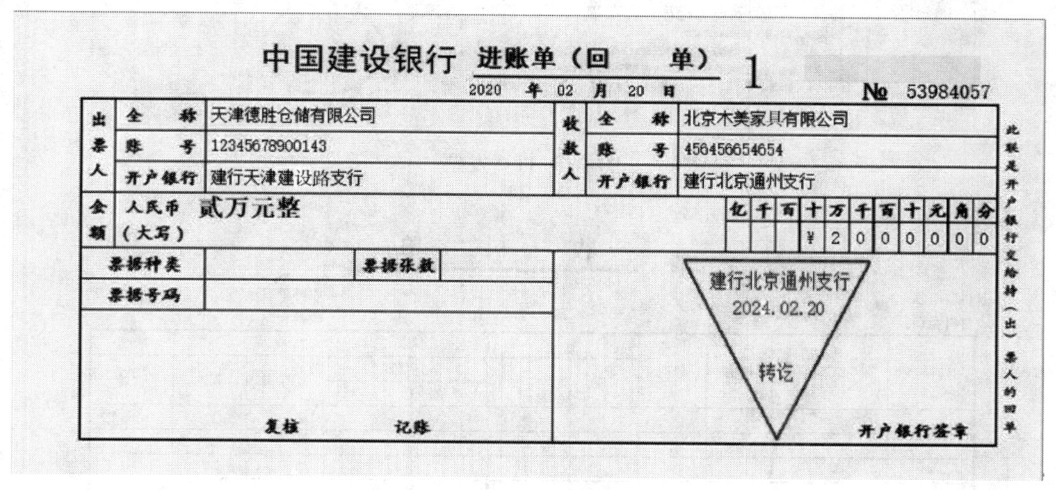
中国建设银行 进账单（回 单） 1
2020 年 02 月 20 日 № 53984057

出票人	全 称	天津德胜仓储有限公司	收款人	全 称	北京木美家具有限公司
	账 号	12345678900143		账 号	456456654654
	开户银行	建行天津建设路支行		开户银行	建行北京通州支行
金额	人民币（大写）	贰万元整		亿 千 百 十 万 千 百 十 元 角 分	¥ 2 0 0 0 0 0 0
票据种类		票据张数			
票据号码					
复核 记账			建行北京通州支行 2024.02.20 转讫	开户银行签章	

此联是开户银行交给持（出）票人的回单

图 1-3-9 银行进账单回单

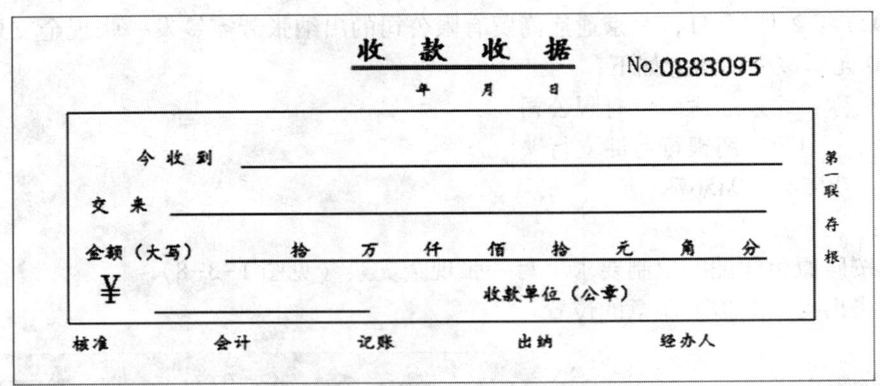

收 款 收 据　　No.0883095

年　月　日

今收到
交来
金额（大写）　拾　万　仟　佰　拾　元　角　分
¥　　收款单位（公章）

核准　会计　记账　出纳　经办人

第一联 存根

图 1-3-10　收款收据

5. 2024 年 2 月 25 日，北京木美家具有限公司购买木材一批，相关发票见图 1-3-11。请据此填写收料单（见图 1-3-12）。

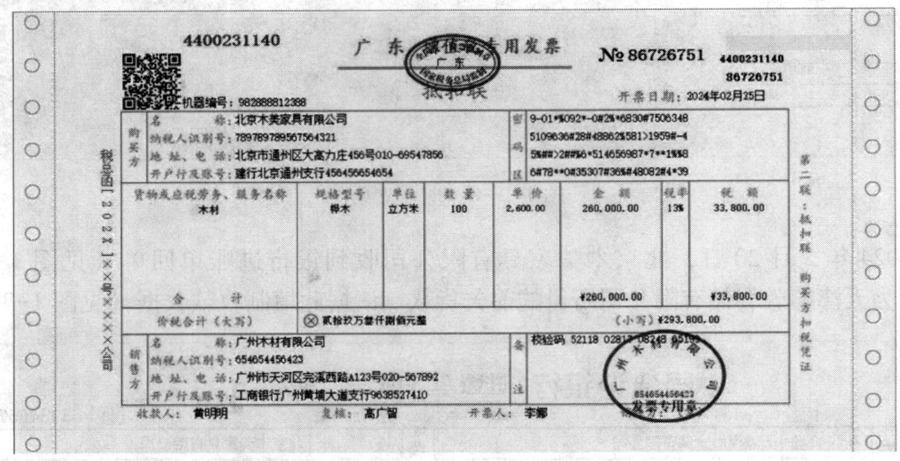

4400231140　广东　专用发票　№ 86726751　4400231140 86726751

抵扣联

机器编号：982888812388　开票日期：2024年02月25日

购买方　名　称：北京木美家具有限公司
纳税人识别号：789789789567564321
地址、电话：北京市通州区大高力庄456号010-69547856
开户行及账号：建行北京通州支行456456654654

密码区　9-01*%092*-0#2%*6830#7506348
5109636#28#48862%581>1959#-4
5%##>2##%6*514656987*7**1%%8
6#78**0#35307#36%#48082#4*39

货物或应税劳务、服务名称	规格型号	单位	数量	单价	金额	税率	税额
木材	榉木	立方米	100	2,600.00	260,000.00	13%	33,800.00
合　计					¥260,000.00		¥33,800.00
价税合计（大写）	⊗贰拾玖万叁仟捌佰元整				（小写）¥293,800.00		

销售方　名　称：广州木材有限公司
纳税人识别号：654654456423
地址、电话：广州市天河区完溪西路A123号020-567892
开户行及账号：工商银行广州黄埔大道支行9638527410

备注　校验码 52118 02813 08248 05109

收款人：黄明明　复核：高广智　开票人：李娜

税总函［2022］××号×××公司

第二联：抵扣联　购买方扣税凭证

图 1-3-11　发票

收　料　单

供应单位：　　　　　　　　　　　　　　　收料单编号：

材料类别：　　　　年　　月　　日　　　　收料仓库：

材料编号	名称	规格	单位	数量		实际成本				
				应收	实收	买价		运杂费	其他	合计
						单价	金额			
合　计										
备　注										

第三联 记账联

仓库主管：　　记账：　　收料：　　制单：

图 1-3-12　收料单

6. 根据上述 5 项业务的原始凭证填制对应的记账凭证（见图 1-3-13 至图 1-3-17）。

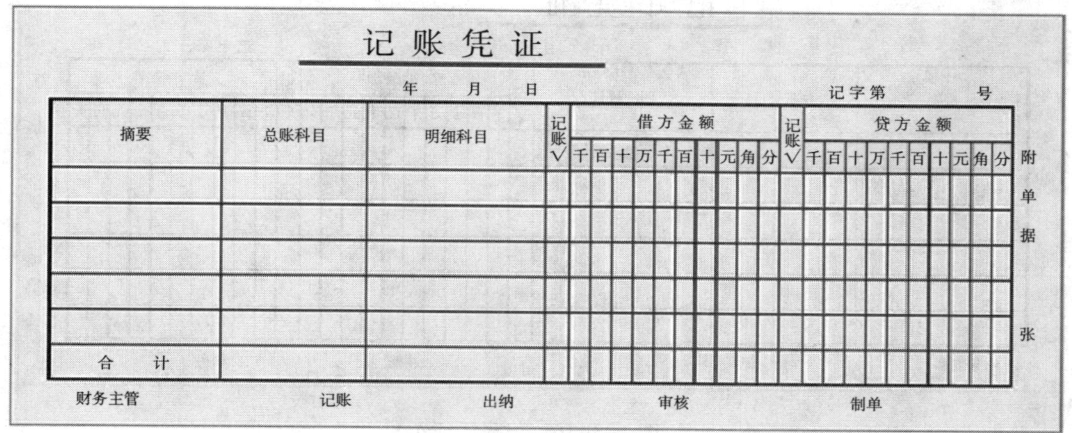

记账凭证

年　月　日　　　　记字第　　号

摘要	总账科目	明细科目	记账√	借方金额										记账√	贷方金额									
				千	百	十	万	千	百	十	元	角	分		千	百	十	万	千	百	十	元	角	分
合　计																								

附单据　张

财务主管　记账　出纳　审核　制单

图 1-3-13　记账凭证 1

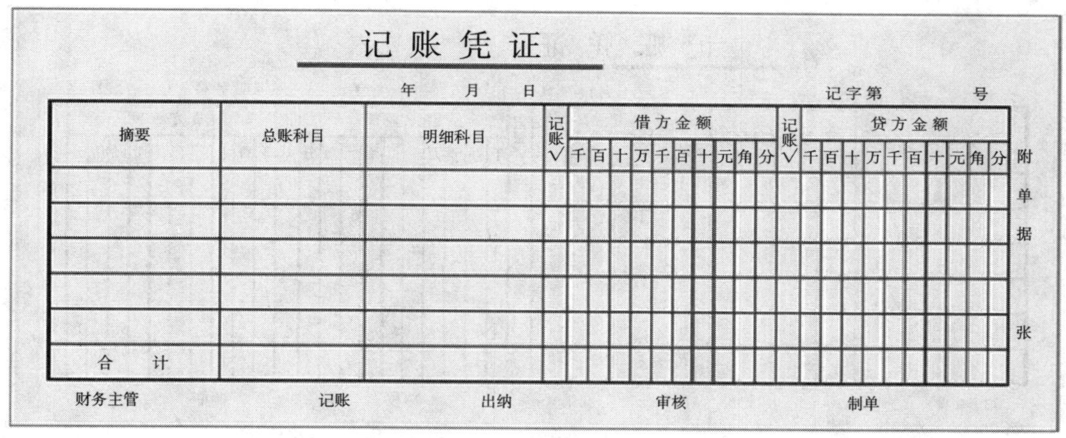

记账凭证

年　月　日　　　　记字第　　号

摘要	总账科目	明细科目	记账√	借方金额										记账√	贷方金额									
				千	百	十	万	千	百	十	元	角	分		千	百	十	万	千	百	十	元	角	分
合　计																								

附单据　张

财务主管　记账　出纳　审核　制单

图 1-3-14　记账凭证 2

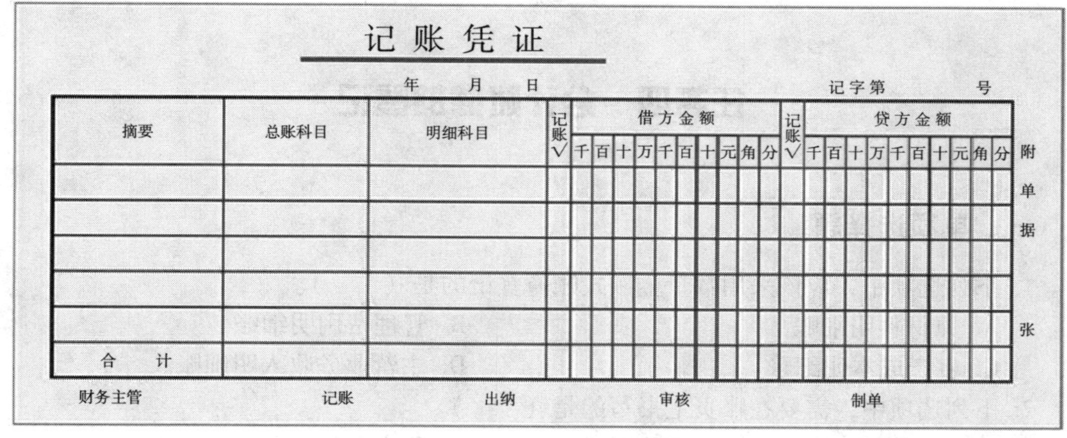

记账凭证

年　月　日　　　　记字第　　号

摘要	总账科目	明细科目	记账√	借方金额										记账√	贷方金额									
				千	百	十	万	千	百	十	元	角	分		千	百	十	万	千	百	十	元	角	分
合　计																								

附单据　张

财务主管　记账　出纳　审核　制单

图 1-3-15　记账凭证 3

记账凭证

年　月　日　　　　记字第　　号

摘要	总账科目	明细科目	记账√	借方金额										记账√	贷方金额								
				千	百	十	万	千	百	十	元	角	分		千	百	十	万	千	百	十	元	角	分
合　计																								

附单据　张

财务主管　　记账　　出纳　　审核　　制单

图 1-3-16　记账凭证 4

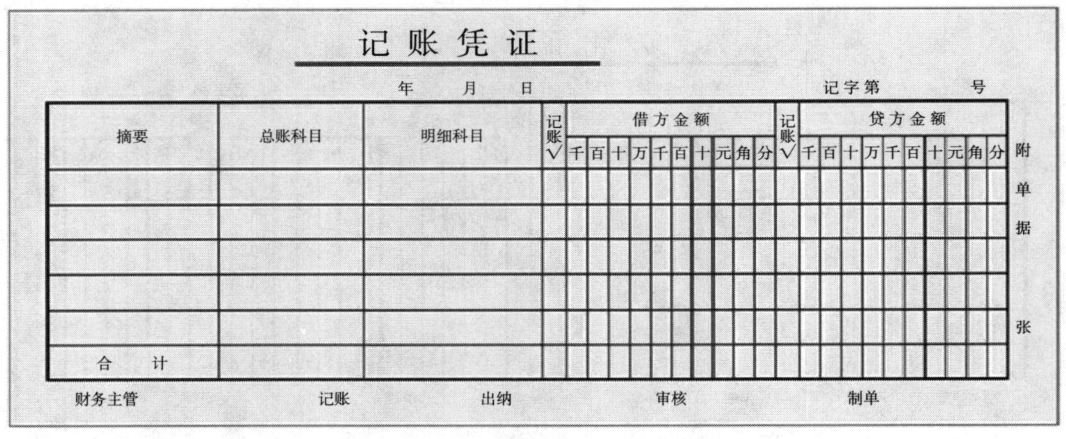

图 1-3-17　记账凭证 5

任务四　会计账簿的登记

一、单项选择题

1. 下列选项中，应该采用数量金额式账簿登记的是（　　）。

   A. 原材料明细账　　B. 管理费用明细账

   C. 生产成本明细账　　D. 主营业务收入明细账

2. 下列选项中，需要在账页上书写的是（　　）。

   A. 单位名称　　B. 账簿名称　　C. 账户名称　　D. 启用日期

3. 下列账簿中，不依据记账凭证登记的是（　　）。

A. 明细账　　B. 总账　　C. 日记账　　D. 备查账

4. 下列账簿中，通常采用三栏式账页登记的是（　　）。

A. 管理费用明细账　　B. 收入类明细账

C. 总账　　D. 包装物明细账

5. 原材料、库存商品等存货类明细账，一般采用（　　）式账簿。

A. 三栏　　B. 多栏　　C. 数量金额　　D. 横线登记

6. 下列账簿中，一般采用订本式账簿登记的是（　　）。

A. 生产成本明细账　　B. 总账

C. 备查账　　D. 应付账款明细账

7. 下列账簿中，主要采用活页式账簿登记的是（　　）。

A. 总账　　B. 明细账

C. 库存现金日记账　　D. 银行存款日记账

8. 企业在登记管理费用时，一般采用（　　）式明细账。

A. 多栏　　B. 卡片　　C. 数量金额　　D. 横线登记

9. 三栏式银行存款日记账属于（　　）。

A. 序时账　　B. 明细账　　C. 总账　　D. 备查账

10. 下列关于会计账簿登记要求的说法，错误的是（　　）。

A. 账簿记录中的日期，应该填写原始凭证上的日期

B. 在不设借贷等栏的多栏式账页中，登记减少数可以使用红色墨水笔

C. 在登记各种账簿时，应按页次顺序连续登记，不得隔页、跳行

D. 对于没有余额的账户，应在“借或贷”栏内写“平”字，并在“余额”栏填写“0”

11. 下列选项中，作为记载经济业务事项载体的是（　　）。

A. 封面　　B. 扉页　　C. 账页　　D. 说明

12. 下列选项中，可以采用多栏式账簿登记的是（　　）明细账。

A. 应付账款　　B. 实收资本　　C. 库存商品　　D. 管理费用

13. 下列关于三栏式账簿的说法，错误的是（　　）。

A. 三栏式账簿是设有借方、贷方和余额三个基本栏目的账簿

B. 各种收入、费用类明细账都采用三栏式账簿

C. 三栏式账簿分为设对方科目的和不设对方科目的两种

D. 有“对方科目”栏的，称为设对方科目的三栏式账簿

14. 下列选项中，（　　）提供的核算信息不是编制会计报表的主要依据。

A. 会计凭证　　B. 序时账簿　　C. 分类账簿　　D. 总账

15. 下列账簿中，可以采用卡片账登记的是（　　）。

A. 原材料总账　　B. 库存现金日记账

C. 固定资产明细账　　D. 固定资产总账

16. 下列账簿中，属于按照用途分类的是（　　）。

A. 数量金额式明细账　　B. 活页账

C. 订本账　　D. 序时账

17. 下列各项中，适合采用数量金额式账页登记的账簿是（　　）。

A. 销售费用明细账　　B. 其他业务收入明细账

C. 库存商品明细账　　D. 预收账款明细账

18. 会计账簿是指由一定格式账页组成的，以经过审核的（　　）为依据，全面、系统、连续地记录各项经济业务的簿籍。

A. 原始凭证　　B. 记账凭证　　C. 会计凭证　　D. 账页

19. 库存现金日记账和银行存款日记账应依据相关凭证（　　）登记。

A. 每日逐笔　　B. 每日汇总　　C. 按期汇总　　D. 一次汇总

20. 下列日期中，（　　）应填写在库存现金日记账的日期栏。

A. 当月 1 日　　B. 当月末日期

C. 登记账簿的日期　　D. 记账凭证上的日期

二、多项选择题

1. 下列选项中，属于登记账簿意义的有（　　）。

A. 记载、储存会计信息　　B. 分类、汇总会计信息

C. 检查、校正会计信息　　D. 编制会计报表、输出会计信息

2. 下列关于会计账簿的描述，正确的有（　　）。

A. 会计账簿由具有一定格式的账页组成

B. 会计账簿是编制会计报表的基础

C. 会计账簿是连接会计凭证和会计报表的中间环节

D. 会计账簿为管理财产物资提供重要手段

3. 下列账簿中，通常采用三栏式账页的有（　　）。

A. 总账　　B. 库存现金日记账

C. 应收账款明细账　　D. 库存商品明细账

4. 订本账一般用于（　　）的登记。

A. 库存现金日记账　　B. 银行存款日记账

C. 总账　　D. 库存商品明细账

5. 下列选项中，不符合账簿登记要求的有（　　）。

A. 数字宽度一般应为格宽度的 1/2　　B. 空白页应画斜线注销

C. 文字应占满格，以防被窜改　　D. 书写时可以使用铅笔，以防出错

6. 下列选项中，（　　）属于会计账簿应具备的基本内容。

A. 封面　　B. 封底　　C. 扉页　　D. 账页

7. 下列选项中，属于库存现金日记账所属类别的有（　　）。

A. 订本账　　B. 活页账　　C. 特种日记账　　D. 普通日记账

8. 下列选项中，属于明细账常见形式的有（　　）式明细账。

A. 三栏　　B. 多栏　　C. 数量金额　　D. 横线登记

9. 下列关于会计账簿的更换和保管的表述，正确的有（　　）。

A. 备查账簿可以连续使用

B. 总账、日记账和多数明细账每年更换一次

C. 变动较小的明细账可以连续使用，不必每年更换

D. 会计账簿由本单位财务部门保管半年后，交本单位档案管理部门保管

10. 下列凭证中，可据以登记库存现金日记账的有（　　）。

A. 库存现金收款凭证　　B. 库存现金付款凭证

C. 银行存款收款凭证　　D. 银行存款付款凭证

三、判断题

1. 启用订本式账簿时应当从第一页到最后一页按顺序编制页码，不得跳页、缺号。（　　）

2. 年度终了结账时，应当在全年累计发生额下面画通栏的双红线。（　　）

3. 年度终了结账时，有余额的账户，应将其余额结转至下一年，并在摘要栏注明“结转下年”字样。（　　）

4. 账簿中书写的文字和数字上面应留有适当空间，不要写满格，空白处一般应占格高度的三分之一。（　　）

5. 明细账一般使用活页式账簿，以便根据实际需要随时添加账页。（　　）

6. 登记账簿时，空行、空页一定要补充书写，不得注销。（　　）

7. 启用账簿时，应当在账簿封面上写明账簿的名称，并在账簿扉页上附启用表。（　　）

8. 账簿中的每一账页就是账户的存在形式和载体。没有账簿，账户就无法存在。（　　）

9. 收入、成本、费用明细账一般均为多栏式账簿。（　　）

10. 备查账簿的主要栏目不记录金额，它更注重用文字来表述某项经济业务的发生情况，即无固定格式。（　　）

11. 常见的特种日记账包括库存现金日记账、银行存款日记账、购货日记账等。（　　）

12. 分类账簿提供的核算信息是编制会计报表的主要依据。（　　）

13. 总账的月末借方余额合计数应当同月末贷方余额合计数相等。（　　）

14. 登记银行存款日记账时，每日终了，应当分别计算银行存款收入和支出的合计数，结算出余额，做到日清。（　　）

15. 审核无误的原始凭证是填制账簿的直接依据。（　　）

16. 库存现金日记账和总账应该由单位会计人员填制。（　　）

17. 一般情况下，备查账簿不需要根据记账凭证进行登记。（　　）

18. 记账凭证上的记账符号可有可无，不是必填项。（　　）

19. 账簿应使用蓝黑墨水笔书写，只有特殊记账事项才能用红色墨水笔。特殊记账事项包括冲销错误记录、账簿的负数余额、销售退回的发票等。（　　）

20. 跨年度可使用的账簿包括固定资产账簿和低值易耗品账簿。（　　）

四、技能练习题

1. 根据下列材料填制 2024 年第一册总账账簿“账簿启用表”（见图 1-4-1）。

单位名称：北京木美家具有限公司

财务负责人：王启刚

主办会计：王彩凤

记账：李丽

账簿预计共 20 页。

账簿启用表

<table>
<tr><td>单位名称</td><td colspan="9"></td><td>单位盖章</td></tr>
<tr><td>账簿名称</td><td colspan="9"></td><td rowspan="6"></td></tr>
<tr><td>账簿编号</td><td colspan="9">年 总 册 第 册</td></tr>
<tr><td>账簿页数</td><td colspan="9">页</td></tr>
<tr><td>启用日期</td><td colspan="9">年 月 日</td></tr>
<tr><td rowspan="3">经管人员</td><td colspan="3">财务负责人</td><td colspan="3">主办会计</td><td colspan="3">记账</td></tr>
<tr><td>职别</td><td>姓名</td><td>盖章</td><td>职别</td><td>姓名</td><td>盖章</td><td>职别</td><td>姓名</td><td>盖章</td></tr>
<tr><td></td><td></td><td></td><td></td><td></td><td></td><td></td><td></td><td></td><td></td></tr>
</table>

<table>
<tr><td rowspan="7">交接记录</td><td rowspan="2">职别</td><td rowspan="2">姓名</td><td colspan="4">接管</td><td colspan="4">移交</td><td rowspan="2">印花税票粘贴处</td></tr>
<tr><td>年</td><td>月</td><td>日</td><td>盖章</td><td>年</td><td>月</td><td>日</td><td>盖章</td></tr>
<tr><td></td><td></td><td></td><td></td><td></td><td></td><td></td><td></td><td></td><td></td><td rowspan="5"></td></tr>
<tr><td></td><td></td><td></td><td></td><td></td><td></td><td></td><td></td><td></td><td></td></tr>
<tr><td></td><td></td><td></td><td></td><td></td><td></td><td></td><td></td><td></td><td></td></tr>
<tr><td></td><td></td><td></td><td></td><td></td><td></td><td></td><td></td><td></td><td></td></tr>
<tr><td></td><td></td><td></td><td></td><td></td><td></td><td></td><td></td><td></td><td></td></tr>
</table>

图 1-4-1　账簿启用表

2. 根据本项目任务三“技能练习题”中的会计凭证登记以下账簿（见表 1-4-1 至表 1-4-9）。

表 1-4-1　明细科目余额表

会计科目	期初余额		数量
	借方余额	贷方余额	
库存现金	8 300.00		
银行存款	235 000.00		
其他应收款——李强	1 500.00		
应收账款——天津德胜仓储有限公司	20 000.00		
原材料——桦木	125 000.00		50 立方米

表 1-4-2 库存现金日记账

年		记账凭证		对方科目	摘要	借方	贷方	借或贷	余额
月	日	字	号						

表 1-4-3 银行存款日记账

开户行：	
账号：	

年		记账凭证		对方科目	摘要	结算凭证		借方	贷方	借或贷	余额
月	日	字	号			种类	号码				

表 1-4-4 明细分类账

总账科目________

明细科目________

第　　页

年		记账凭证		摘要	借方	贷方	借或贷	余额
月	日	字	号					

表 1-4-5　明细分类账

总账科目________

明细科目________　　　　　　　　　　　　第　　页

年		记账凭证		摘　　要	借　　方	贷　　方	借或贷	余　　额
月	日	字	号					

表 1-4-6　明细分类账

总账科目________

明细科目________　　　　　　　　　　　　第　　页

年		记账凭证		摘　　要	借　　方	贷　　方	借或贷	余　　额
月	日	字	号					

第____页

表 1-4-7 ________明细账

规　格____________ 编　　号____________ 储备定额____________ 类　　别____________ 最高储存量____________

名　称____________ 计量单位____________ 计划单位____________ 存放地点____________ 最低储存量____________

年		凭证		摘要	收入												发出												结存											
月	日	种类	号数		数量	单价	金额										数量	单价	金额										数量	单价	金额									
							千	百	十	万	千	百	十	元	角	分			千	百	十	万	千	百	十	元	角	分			千	百	十	万	千	百	十	元	角	分

总第____页　分第____页

____级科目编号及名称____________

____级科目编号及名称____________

表 1-4-8　________明细账

年		凭证		摘要	借方									贷方									借或贷	余额									（　）方金额分析																										
月	日	种类	号数		百	十	万	千	百	十	元	角	分	百	十	万	千	百	十	元	角	分		百	十	万	千	百	十	元	角	分	百	十	万	千	百	十	元	角	分	百	十	万	千	百	十	元	角	分	百	十	万	千	百	十	元	角	分

表 1-4-9　应交税费——应交增值税明细账

年		凭证号数	摘　　要	借　　方							贷　　方					余额
月	日			合计	进项税额	销项税额抵减	已交税金	减免税款	出口抵减内销产品应纳税额	转出未交增值税	合计	销项税额	出口退税	进项税额转出	转出多交增值税	

任务五　会计档案的管理

一、单项选择题

1. 当年形成的会计档案，在会计年度终了后，可暂由会计机构保管（　　）年。

A. 1　　B. 2　　C. 3　　D. 5

2. 会计档案的定期保管期限一般分为（　　）年和30年。

A. 10　　B. 25　　C. 20　　D. 15

3. 记账凭证的保管期限是（　　）年。

A. 10　　B. 20　　C. 15　　D. 30

4. 会计档案移交清册的保管期限是（　　）年。

A. 10　　B. 20　　C. 15　　D. 30

5. 如有特殊需要，必须经（　　）批准，办理登记手续后才能查阅和复印会计档案。

A. 单位领导　　B. 财务部门负责人

C. 会计档案保管员　　D. 出纳

6. 移交会计档案时，交接双方应当按照会计档案（　　）所列的内容逐项交接，并且由交接双方的负责人负责监交。

A. 移交清册　　B. 保管清册　　C. 销毁清册　　D. 鉴定意见书

7. 装订财务会计报告时，下列选项中不应该装订进去的是（　　）。

A. 资产负债表　　B. 现金流量表

C. 损益表　　D. 年度预算编制方案

二、多项选择题

1. 下列关于会计档案的描述，正确的有（　　）。

A. 会计档案是单位在进行会计核算等过程中接收或形成的

B. 会计档案记录和反映单位经济业务事项

C. 会计档案是具有保存价值的文字、图表等各种形式的会计资料

D. 会计档案不包括电子会计档案

2. 会计档案的特点包括（　　）。

A. 形成范围广泛　　B. 档案类别稳定　　C. 外在形式多样　　D. 可以外借

3. 会计档案的类别包括（　　）。

A. 会计凭证类　　B. 会计账簿类

C. 财务会计报告类　　D. 其他会计资料类

4. 下列选项中，在会计档案中的保管期限是10年的有（　　）。

A. 银行存款余额调节表　　B. 银行对账单

C. 纳税申报表　　D. 月度、季度财务报告

5. 下列选项中，在会计档案中的保管期限是30年的有（　　）。

A. 原始凭证　　B. 总账　　C. 固定资产卡片　　D. 日记账

6. 下列选项中，在会计档案中的保管期限是永久的有（　　）。

A. 年度财务会计报告　　B. 会计档案保管清册

C. 会计档案销毁清册　　D. 会计档案鉴定意见书

7. 下列选项中，属于会计凭证装订前准备工作的有（　　）。

A. 按凭证汇总日期归集并装订成册的本数

B. 摘除凭证内的金属物

C. 大的原始凭证或附件应折叠成同记账凭证相同大小，且应避开装订线，以便翻阅并保持数字完整

D. 整理、检查凭证顺序号，如有颠倒应重新排列，发现缺号应查明原因

8. 会计账簿装订的要求包括（　　）。

A. 会计账簿应装订牢固、平整，不能有折角、缺角、加空白纸、掉页、错页的现象

B. 会计账簿的封口应严密，封口处应加盖有关印章

C. 封面应齐全、平整，并注明账簿名称、编号及所属年度

D. 编号为一年一编，编号顺序为总账、库存现金日记账、银行存款日记账、分户明细账

三、判断题

1. 会计档案是各单位的重要档案之一。（　　）

2. 为了加强会计档案管理，各级人民政府财政部门和档案行政管理部门共同负责会计档案工作的指导、监督和检查。（　　）

3. 每年年度终了，各单位会计机构应按照归档要求，将当年的凭证、账簿、财务报表等整理立卷，装订成册，编制会计档案保管清册。（　　）

4. 出纳人员可以监管会计档案。（　　）

5. 会计档案的保管期限从会计年度终了后的第1天算起。（　　）

6. 借阅的档案不用在档案管理部门指定的地点阅读，可以带出保管单位。（　　）

7. 会计档案移交完成后，交接人员应当在会计档案移交清册上签名且盖章。（　　）

8. 单位分立后，原单位继续存在的，其会计档案应当由分立后的存续方统一保管，其他方可以查阅、复制与其业务相关的会计档案。（　　）

9. 单位合并后，原各单位仍存续的，其会计档案仍应当由原各单位保管。（　　）

四、技能练习题

1. 销毁会计档案

任务说明：欧泰有限责任公司有1册会计凭证因为保管期限到期需要销毁。

序号：1

类型：属于公司10类会计档案中的财务会计档案

题名：会计转账凭证
案卷号：432 号
册数：壹册
凭证页数：45 页
起止日期：1992 年 11 月 1 日—1993 年 11 月 30 日
档案编号：25
应保管期限和已保管期限：30 年
销毁时间：2022 年 12 月 7 日
单位负责人：梁勇
档案管理部门负责人：王雷
财务部门负责人：李明博
档案管理部门经办人：王兰
财务部门经办人：张丽丽
监销人：王涛
任务要求：
（1）填制会计档案销毁清册（见表 1-5-1）。
（2）填制会计档案销毁清册审批表（见表 1-5-2）。

表 1-5-1　会计档案销毁清册

单位名称：

序号	类别	题名	起止年月日	目录号	案卷号	原期限	已保管期限	页数	备注

财务部门负责人签字：　　　　档案管理部门负责人签字：　　　　年　月　日

表 1-5-2　会计档案销毁清册审批表

销毁内容	销毁理由	审核意见
会计凭证：　卷（册） 会计账簿：　卷（册） 会计报表：　卷（册） 其他类：　卷（册） 共计 具体内容见清册 第　页　到　第　页	 经办人：　年　月　日 档案负责人：　年　月　日 监销人：　年　月　日	财务部门负责人： 年　月　日 档案管理部门负责人： 年　月　日 主管领导： 年　月　日

2. 装订会计凭证

（1）练习准备

准备好凭证、凭证封面（封面封底相连的一体连背式）、凭证盒、装订机、票夹、笔。

用记账凭证的封面把整理好的记账凭证包住，用夹子固定好，然后在记账凭证的装订线处用笔画两个打孔标志。

准备好凭证盒。

（2）任务一

使用装订机装订记账凭证。装订完成后，填写封面，装订人在装订线封签外签名或者盖章。

相关资料如下：

单位名称：恒通机电有限责任公司

凭证类别：通用凭证

凭证日期：2022 年 8 月份的凭证

凭证册数：1 册

凭证号数：1~39 号。

经办会计：李明

财务主管：王中磊

案卷号：521

保管期限：30 年。

（3）任务二

根据以上资料，填制记账凭证封面（见图 1-5-1）。

记 账 凭 证

单 位 名 称			
凭 证 类 别	□___收款凭证 □___付款凭证 □转账凭证 □通用凭证		
凭证起止日期	自 年 月 日至 年 月 日		
凭 证 册 数	本月共 册 本册是第 册		
凭 证 号 数	本册自第 号至第 号 本册共有 号		
财 务 主 管		经 办 会 计	
保 管 年 限	年	装 订 人	

图 1-5-1 记账凭证封面

项目二　钞票清点

任务一　验钞

一、单项选择题

1. 2015年版第五套人民币中，100元纸币的竖号码是（　　）色。

A. 红　　B. 黑　　C. 双　　D. 蓝

2. 2015年第五套人民币中，100元纸币冠字号码的印刷方式是（　　）。

A. 一组凹印，另一组胶印　　B. 一组凸印，另一组胶印

C. 两组凹印　　D. 两组凸印

3. 2015年版第五套人民币中，100元纸币使用了（　　）号码。

A. 双横　　B. 双竖　　C. 横竖双　　D. 双色竖

4. 人民币的鉴别方法包括直观对比法、技巧鉴定法和（　　）。

A. 仪器检测法　　B. 耳听检测法　　C. 笔拓检测法　　D. 人工检测法

5. 2015年版第五套人民币中，100元纸币采用了光变镂空开窗安全线。当票面上下转动时，安全线的颜色在（　　）间变化。

A. 品红色至绿色　　B. 黑色至黄色

C. 品红色至黄色　　D. 品红色至蓝色

6. 2015年版第五套人民币中，100元纸币的正面左下方和背面右下方均有（　　）的局部图案。透光观察，这些图案可组成完整的对印图案。

A. 面额数“100”　　B. 古钱币　　C. 人民银行行徽　　D. 数字“2015”

7. 我国到目前为止，一共发行了（　　）套货币。

A. 1　　B. 4　　C. 5　　D. 2

8. 2015年版第五套人民币中，100元纸币票面正面左下方双色横号码，其冠字和前两位数字为暗红色，后六位数字为（　　）色。

A. 黑　　B. 暗红　　C. 蓝　　D. 绿

9. 2015年版第五套人民币中，100元纸币的白水印位于票面正面（　　）。

A. 左侧　　B. 右侧　　C. 左下方　　D. 左上方

10. 2015年版第五套人民币中，透光观察100元纸币光变安全线可见（　　）的

字样。

A. “CNY100” B. “RMB100” C. “￥100” D. “100”

11. 2015 年版第五套人民币中，100 元纸币票面正面左下方双色横号码，其冠字和前两位数字为暗红色，后六位数字为（　　）色。

A. 黑 B. 暗红 C. 蓝 D. 绿

12. 2015 年版第五套人民币中，100 元纸币光彩光变数字颜色会随着观察角度的改变，在金色和（　　）间变化。

A. 蓝色 B. 红色 C. 绿色 D. 粉色

二、多项选择题

1. 2015 年版第五套人民币中，100 元纸币的安全线具有的特征包括（　　）。

A. 有磁性 B. 开窗 C. 全息 D. 有缩微文字

2. 2015 年版第五套人民币中，100 元纸币中的（　　）使用了雕刻凹印技术。

A. 中华人民共和国国徽 B. 中国人民银行行名

C. 人像水印 D. 有色荧光竖号码

3. 2015 年版第五套人民币中，100 元纸币包含水印的位置有（　　）。

A. 票面正面左侧空白处 B. 票面正面右侧空白处

C. 票面正面左下方 D. 票面背面右下方

4. 2015 年版第五套人民币中，100 元纸币上会随着观察角度变换而产生颜色变化的部分有（　　）。

A. 光变油墨面额数字 B. 光彩光变数字

C. 光变镂空开窗安全线 D. 横竖双色号码

5. 2015 年版第五套人民币中，主要采用透光观察方式鉴别 100 元纸币真伪的防伪特征有（　　）。

A. 人像水印 B. 胶印对印图案

D. 古钱币对印图案 C. 白水印

6. 2015 年版第五套人民币中，100 元纸币包含面额信息的防伪特征有（　　）。

A. 具有光变镂空开窗安全线 B. 采用雕刻凹印

C. 具有白水印 D. 具有胶印对印图案

7. 如果某金融机构收到（　　）的假人民币，需要向当地公安机关报告。

A. 1 张 50 元 B. 50 张 1 元 C. 5 张 100 元 D. 100 张 5 元

8. 中国人民银行及其分支机构依照《中国人民银行假币收缴、鉴定管理办法》对假币（　　）实施监督管理。

A. 收缴 B. 鉴定 C. 兑换 D. 没收

9. 变造的货币是指在真币的基础上，利用（　　）等多种方法制作，改变真币原有形态的假币。

A. 挖补 B. 揭层 C. 拼凑 D. 移位

10.《中国人民银行假币收缴、鉴定管理办法》所称的假币是指（　　）。

A. 复印的货币　　B. 伪造的货币

C. 变造的货币　　D. 拓印的货币

三、判断题

1. 2015 年版第五套人民币中，100 元纸币采用了光变镂空开窗安全线和全安全线两种安全线，它们全部带有磁性。（　　）

2. 2015 年版第五套人民币中，100 元纸币采用的有色光竖号码在特定波长的紫外光照射下可见绿色荧光效果。（　　）

3. 2015 年版第五套人民币上的双色横号码位于票面正面左下方，前四位为红色，后六位为黑色，使用特定仪器可检测出磁性。（　　）

4. 2015 年版第五套人民币中，100 元纸币正面左下角的雕刻印图案具有红外吸收特征。（　　）

5. 2015 年版第五套人民币中，100 元纸币采用雕刻印技术的图案有国徽、“中国人民银行”行名、右上角面额数字等。（　　）

6. 中华人民共和国的法定货币是人民币。以人民币支付中华人民共和国境内外的一切公共的和私人的债务，任何单位和个人不得拒收。（　　）

7. 技巧鉴定法是最常用、最基本的人民币真假辨别方法。（　　）

8. 大部分假人民币所使用的纸张在紫外线下有较强的荧光反应。（　　）

9. 鉴别纸币的真伪通常采用直观对比法、技巧鉴定法和仪器检测法。（　　）

10. 纸币票面残缺 1/2 以上的可兑换面额的一半。（　　）

四、技能练习题

请在图 2-1-1 和图 2-1-2 所示的人民币图样上标记出防伪标识。

图 2-1-1　人民币图样 1

图 2-1-2　人民币图样 2

任务二　点钞

一、单项选择题

1. 下列点钞法中，（　　）点钞法是最基本、最常用、比较简单的一种点钞法。
   A. 手按式单指单张　　B. 手持式多指多张
   C. 手持式单指单张　　D. 手按式多指多张
2. 扇面式点钞法是一种高效率的点钞方法，适用于（　　）及复点工作。
   A. 收付款项　　B. 清点新票　　C. 清点辅币　　D. 清点残破币
3. 扇面式点钞法的关键环节是（　　）。
   A. 持钞　　B. 拆把　　C. 开扇　　D. 清点
4. 在清点辅币及残破券时，常使用（　　）点钞法进行清点。
   A. 手持式单指单张　　B. 手按式单指单张
   C. 手持式多指多张　　D. 手按式多指多张

5. 采用（　　）点钞法时，由于持钞面积小，清点时能看到票面的四分之三，易于辨别真假钞票，更便于剔除残损钞票。
   A. 手持式多指多张　　B. 手按式单指单张
   C. 扇面式　　D. 手持式单指单张

二、多项选择题

1. 根据操作方法不同，点钞方法可分为（　　）。
   A. 手工点钞法　　B. 机器点钞法

C. 扇面点钞法
D. 多指多张点钞法

2. 点钞时应做到（　　）。

A. 双手点钞　B. 双眼看钞　C. 脑子记数　D. 口读出声

3. 点钞的基本要领有（　　）。

A. 坐姿端正、用品定位
B. 开扇均匀、点数准确
C. 钞票墩齐、扎把捆紧
D. 盖章清晰、动作连贯

4. 手持式点钞法根据指法不同可以分为（　　）和扇面式点钞法等。

A. 手持式单指单张点钞法
B. 手持式单指多张点钞法
C. 手持式多指多张点钞法
D. 手按式单指单张点钞法

5. 根据持票姿势不同，手工点钞法可分为（　　）。

A. 机器点钞法
B. 手按式点钞法
C. 硬币清点法
D. 手持式点钞法

三、判断题

1. 在扎好的捆钞纸条上加盖经办人名章，主要目的是明确责任。（　　）

2. 手持式单指单张点钞法适用范围比较广，可用于收、付款及各种新旧、大小面额钞票的清点。（　　）

3. 点钞时，正确的坐姿是挺直腰背、放松双肩、双臂分开，双肘自然弯曲，放在点钞台上。（　　）

4. 点钞技术的关键是一个“快”字，快速清点和记数是点钞的基本要求。（　　）

5. 清点钞票前，应整压钞票，要求边角无折、剔除残券、同券一起、券面向上。（　　）

6. 机器点钞就是用点钞机完全代替手工操作的点钞方式。（　　）

7. 机器点钞的操作分为拆把、点数、扎把、盖章 4 道工序。（　　）

四、技能练习题

1. 用手持式单指单张点钞法和手持式多指多张点钞法进行单把点钞练习。

（1）要求

1）手势正确。手指的触钞部位准确，全身放松，捻钞动作的幅度随熟练程度提高而逐步减小，减少不必要的动作。

2）扇面均匀。开好扇面可以减少点钞时的夹张现象，提高点钞的准确率。初学时可以将扇面开得大一些，便于捻动。

3）眼手配合、头脑记数。用手指捻动钞票的同时，默记已清点的张数，观察辨别钞票上的面额、版别、防伪标志等。

4）动作规范，清点准确，速度达标，流程正确。

（2）考核标准

优秀（90 分以上）：5 分钟单指单张点钞 600 张，多指多张点钞 800 张。

良好（80 分以上）：5 分钟单指单张点钞 400 张，多指多张点钞 500 张。

及格（60 分以上）：5 分钟单指单张点钞 300 张，多指多张点钞 400 张。

考核结束后，将成绩填入表 2-2-1 中。

表 2-2-1　点钞练习评价表

姓名	每点对 1 把 （总分 100 分）	不满 100 分时按 每张 1 分记分	总分

注：表格可以根据人数自行扩充。

2. 单把点钞测试。

取一把（100 张）练功券，教师从中抽取 0~4 张（或添加 1~4 张，抽减张数不超过 4 张），让学生点数并计时，学生点完后报实际张数或组数即可。必须点数准确才可记成绩。

评分标准见表 2-2-2。

表 2-2-2　评分标准

时间	成绩	等级
17~20 秒	60 分	C
15~17 秒（含）	70 分	B
13~15 秒（含）	80 分	B^+
12~13 秒（含）	90 分	A
12 秒以下	100 分	A^+

3. 准备点钞机，以小组为单位练习机器点钞，严格按照机器点钞法的要求进行练习。

任务三 捆钞

一、单项选择题

1. 在实际工作中使用较多的手工捆钞扎把方法是（　　）捆钞扎把法。

A. 打结式　　B. 扭结式　　C. 打孔式　　D. 缠绕式

2. 钞票一般（　　）张为 1 把。

A. 50　　B. 100　　C. 200　　D. 1 000

3. 捆扎钞票时一般以（　　）把为 1 捆。

A. 5　　B. 10　　C. 15　　D. 20

4. 无论是手工捆扎钞券还是机器捆扎钞券，都要以（　　）为标准。

A. 稍松　　B. 适宜　　C. 捆紧　　D. 不散

5. 捆扎钞票时，（　　）钞票的腰条应捆扎于钞票的三分之一处。

A. 不足百张　　B. 100 张　　C. 200 张　　D. 1 000 张

二、多项选择题

1. 钞票扎把方法包括（　　）。

A. 手工扎把法　　B. 机具扎把法　　C. 手工扎捆法　　D. 机器扎捆法

2. 钞票捆扎方法包括（　　）。

A. 手工扎把法　　B. 机具扎把法　　C. 手工扎捆法　　D. 机器扎捆法

3. “五好钱捆”是指票币整点应当做到（　　）。

A. 坐姿端正　　B. 钞票点准

C. 钞票墩齐、捆紧票子　　D. 盖章清晰

4. 缠绕式扎把法的操作要点包括（　　）。

A. 将钞票墩齐后握住　　B. 使钞票略呈瓦状

C. 将腰条缠绕两圈　　D. 将钞票整理展平

5. 机器捆扎的程序包括（　　）。

A. 捆前准备　　B. 放绳　　C. 放钞　　D. 压钞、系绳

三、判断题

1. 拧扎法是实际工作中使用较多的一种捆钞方法。（　　）

2. 捆钞时必须每只手各取 10 把，以防钞券多把或少把，发生差错。（　　）

3. 钞券捆扎完毕，应在封券上加盖日期戳以及点钞员、捆钞员名章，以明确责任，便于查找差错。（　　）

4. 捆钞前应对钞票进行整理，先挑出损伤券，然后按券别分别对完整券和损伤券进行分类整点、捆扎。（　　）

四、技能练习题

1. 运用缠绕式扎把法捆钞。

准备点钞练功券500张以上，腰条若干，印章一枚，海绵缸一个。

要求：5分钟内对练功券进行清点（点钞方法不限），每100张扎1把，用缠绕式扎把法进行扎把。四边墩齐，松紧适度。

操作结束后，将成绩填入表2-3-1中。

表2-3-1　点钞、捆钞练习评价表

姓名	扎把牢固记10分，松散记0分	每点对1把记100分	不满100张，每1张记1分	签章清晰记10分，不清晰记5分，未签章记0分	总分

注：表格可以根据人数自行扩充。

2. 拧扎法练习。

准备点钞练功券500张以上，腰条若干，印章一枚，海绵缸一个。

要求：5分钟内对练功券进行清点（点钞方法不限），每100张扎1把，用拧扎法进行扎把。四边墩齐，松紧适度。

操作结束后，将成绩填入表2-3-2中。

表2-3-2　点钞、捆钞练习评价表

姓名	扎把牢固记10分，松散记0分	每点对1把记100分	不满100张，每1张记1分	签章清晰记10分，不清晰记5分，未签章记0分	总分

注：表格可以根据人数自行扩充。

3. 点捆测试。

准备待点捆的练功券若干把。其中，部分为非标准把（不足 100 张或超过 100 张，但差数不超过 4 张）。将练功券、扎钞纸条及所需用具等按合适的位置排列好，然后计时清点、捆扎。点钞方法不限，清点捆扎完毕后在扎钞纸上写好答案。

评分标准见表 2-3-3，5 分钟内完成。

表 2-3-3 评分标准

完成点捆张数	成绩
800 张	合格
1 000 张	良好
1 200 张	优秀

项目三　录入与计算器使用

任务一　汉字录入

一、单项选择题

1. 下列选项中，属于键盘基准键区的键是（　　）键。

A. S　　B. F　　C. G　　D. J

2. 使用智能 ABC 输入法时，输入“jiaoshi”后直接按（　　）键可以输入“师”字。

A. [　　B.]　　C. 空格　　D. 回车

3. 使用智能 ABC 输入法的全拼输入模式输入“天安门”时，“tian”和“an”之间应使用（　　）符号隔开。

A. ,　　B. ’　　C. :　　D. 、

4. 使用智能 ABC 输入法输入两个音节以上的词语时，可以有的音节全拼，有的音节简拼。这种输入方法属于（　　）输入的方法。

A. 全拼　　B. 混拼　　C. 简拼　　D. 笔形

5. 使用搜狗拼音输入法时，在中文状态下按（　　）键就会切换到英文输入状态。

A. Shift　　B. Ctrl

C. Ctrl+Shift　　D. CapsLock

二、多项选择题

1. 下列选项中，属于正确录入姿势的有（　　）。

A. 平坐于计算机前，腰部保持挺直，腰部与双大腿保持 90 度角

B. 两脚平放地上，不要单脚站立或者双脚交叉，双大腿与双小腿保持 90 度角

C. 肩部放松，两肘微贴于腋下，双臂自然下垂，双手自然放在键盘上，手指轻放在基准键位上

D. 眼睛与显示器的距离保持在 50~60 厘米，文稿一般放在键盘的左边，打字时眼观文稿和显示器

2. 键盘上由左小指控制的键有（　　）键。

A. 1　　B. Q　　C. A　　D. Z

3. 键盘上由右中指控制的键有（　　）键。

A. 8　　B. I　　C. K　　D. L

4. 智能 ABC 输入法的智能特色有（　　）。

A. 词库内容丰富　　B. 具有自动记忆和强制记忆功能

C. 具有多种输入方式　　D. 可以词定字

5. 下列关于搜狗拼音输入法的说法，正确的有（　　）。

A. 可基于互联网的动态词库和词序号展示

B. 可进行便利的混合输入

C. 词库是网络的、新鲜的、动态的

D. 有人性化的细节设置，可自动升级

三、判断题

1. 击键完毕应立刻收回手指，不要触摸其他键位，不要停留在已击键位，应回到基准键位，保持击键前手型。（　　）

2. 智能 ABC 输入法是一种纯粹的拼音输入法，而不是一种音形结合输入法。（　　）

3. 在智能 ABC 输入法中，"i" 是输入小写中文数字的前导字符。例如，输入 "i5"，按空格或回车键，可以输出 "伍"。（　　）

4. 使用搜狗拼音输入法，输入 "v2020-10-11" 可以输出 "2020 年 10 月 11 日"。（　　）

5. 用鼠标右键点击搜狗拼音输入法状态栏内的 "S" 图标，选择 "繁简切换"，可以实现简体和繁体的切换。（　　）

四、技能练习题

1. 通过计算机主键盘输入下列字母、数字和汉字。

1874 1965 4284 7385 9458 1689 3842 7259 6730 2653 8469 0795 4608 7409 5173 7396 3519 5247 2491 0587 6734 9842 6854 3581

Caiwuguanli　zijinhuodong　shengchanjingying

财务管理　资金活动　生产经营

Zijinchouji　caiwuguanxi　lirunzuidahua

资金筹集　财务关系　利润最大化

Gudongcaifu　qiyejiazhi　huobishijianjiazhi

股东财富　企业价值　货币时间价值

Zijinchengben　caiwuganggan　zibenjiegou

资金成本　财务杠杆　资本结构

Xianjinguanli　caiwufenxi　hongguantiaokong

现金管理　财务分析　宏观调控

Yinglinengli　xiaoshoushouru　meigushouyi

盈利能力　销售收入　每股收益

2. 使用智能 ABC 输入法输入下段文字，输入时注意练习标准输入、简拼、全拼和混拼输入，以及词组的输入。

利息保障倍数不仅反映了企业获利能力的大小，也反映获利能力对偿还到期债务的保证程度，它既是企业举债经营的依据，也是衡量企业长期偿债能力大小的重要标志。对这个指标的评价标准，要看行业水平或企业历史水平。利息保障倍数越大，说明企业支付利息费用的能力越强。如果小于 1，则表示企业无法承担举债经营的利息支出。息税前利润至少要大于应付利息，企业才具有偿还债务的可能性。根据经验，该项指标一般为 3~5 倍时较为合适。

流动比率对衡量和评价企业及时偿付短期负债的能力是有用的，不过它不是衡量偿付短期债务能力的唯一指标。一般情况下，流动比率越高，则企业短期偿债能力越强，短期债权人越放心。按照企业长期实践经验，流动资产以等于流动负债的 2 倍为宜，具体取决于企业自身特点及现金流量的预测程度等。对于管理者来讲，该比率过高或过低都不合适。过高可能是应收账款占用过多，或存货呆滞、积压导致的结果，会影响资金的使用效率和盈利能力；如果过低，表示企业在清偿到期债务时可能面临困难。因此，分析流动比率时要注意流动资产的周转情况、流动资产结构情况、流动负债的结构和数量等情况。

3. 使用搜狗拼音输入法输入下段文字，输入时注意练习标准输入、简拼、全拼和混拼输入，以及词组的输入。

成本报表是指企业根据日常产品成本和期间费用等核算资料编制的，用来反映一定时期产品成本、期间费用水平及其构成情况的报告文件。利用成本报表，可以考核企业成本计划和费用预算的执行情况，通过分析了解企业哪些费用升高了，哪些费用可以降低，为正确进行成本决策提供数据支持。成本报表具有灵活性、多样性、综合性。成本报表一般包括产品生产成本报表、主要产品单位成本表、制造费用明细表、管理费用明细表、营业费用明细表和财务费用明细表。

成本分析是根据成本核算资料、成本计划资料及其他有关资料，运用一系列专门方法，对成本水平及其构成情况进行分析和评价，揭示企业费用预算和成本计划的完成情况，认识和掌握降低成本费用的规律，查明影响成本升降的各因素及其变动的原因，挖掘降低成本的潜力，提高企业成本效益的一种管理活动。

成本分析的程序是：取得分析的依据资料，计算成本差异，寻找产生差异的原因和影响因素，确定各因素的影响程度，采取措施解决问题。

成本分析的方法多种多样，具体选用哪种方法取决于企业进行成本分析的目的、费用和成本形成的特点、成本分析所依据的资料性质。常用的方法有比较分析法、比率分析法和因素分析法。

4. 任选一种打字方法，制作科目汇总表（见表3-1-1）。

表3-1-1　科目汇总表

序号	会计科目	主要核算内容
一	资产类	
1	库存现金	核算企业的库存现金
2	银行存款	核算企业存入银行或者其他金融机构的各种款项
3	其他货币资金	核算企业的外埠存款、银行汇票存款、银行本票存款、信用卡存款、信用保证金存款、存款投资款等其他货币资金
4	交易性金融资产	核算企业为交易目的所持有的债券、股票、基金等投资资产
5	应收票据	核算企业因销售商品、提供劳务等经营活动而收到的商业汇票，包括银行承兑汇票和商业承兑汇票
6	应收账款	核算企业因销售商品、提供劳务等经营活动应收而未收取的款项
7	预付账款	核算企业按照购货合同规定预付给供应单位（或个人）的款项
8	其他应收款	核算除应收票据、应收账款、预付账款等以外的应收及暂付款
9	坏账准备	核算企业对应收账款等可能发生坏账而计提的坏账准备
10	应收利息	核算企业应收而未收的利息
11	应收股利	核算企业应收取的现金股利和应收取的其他单位分配的利润
12	材料采购	采用计划成本进行材料日常记录时，核算购入材料的采购成本
13	在途物资	采用实际成本进行材料日常记录时，核算购入材料的采购成本
14	原材料	核算企业库存的各种材料，包括原料及主要材料、辅助材料、外购半成品、修理用备件、包装材料、燃料等资产的计划成本或实际成本
15	材料成本差异	核算企业各种材料的实际成本与计划成本的差异
16	库存商品	核算各种库存商品的实际成本与计划成本
17	包装物及低值消耗品	核算企业包装物及低值消耗品的计划成本和实际成本
18	持有至到期投资	核算企业持有至到期的各种投资
19	长期股权投资	核算企业持有的采用成本法或权益法核算的长期股权投资
20	固定资产	核算企业持有的固定资产的原值
21	累计折旧	核算企业对固定资产计提的累计折旧
22	固定资产清理	核算企业因出售、报废、毁损等原因转入清理的固定资产净值，以及清理中发生的清理费用和清理收入
23	在建工程	核算企业在建的建设项目工程的实际成本
24	无形资产	核算企业持有的无形资产成本

（续表）

序号	会计科目	主要核算内容
25	累计摊销	核算企业对使用年限有限的无形资产计提的累计摊销
26	待处理财产损溢	核算企业在财产清查过程中查明但需要批准处理的各种盘盈、盘亏和毁损的资产价值
二	负债	
27	短期借款	核算企业向银行或其他金融机构等借入的期限在1年以内（含1年）的各种借款
28	应付票据	核算企业因购买材料、商品和接受劳务等而开出并已承兑的商业汇票，包括银行承兑汇票和商业承兑汇票
29	应付账款	核算企业因购买材料、商品和接受劳务等经营活动而应支付的款项
30	预收账款	核算企业按照合同规定向购货单位预收的款项
31	其他应付款	核算除应付票据、应付账款、预收账款等以外的应付或暂收款项
32	应付职工薪酬	核算按照规定应付给职工的各种薪酬，包括职工工资、福利费、基本养老保险费、基本医疗保险费、生育保险费、失业保险费、工伤保险费、住房公积金、工会经费、职工教育经费、非货币性福利等
33	应交税费	核算企业按照税法规定应交纳的各种税费
34	应付利息	核算企业按照合同规定应支付的期限在1年以内的各种利息
35	应付股利	核算企业应付的股利或利润
36	长期借款	核算企业向银行或其他金融机构借入的期限在1年以上（不含1年）的各种借款
三	成本	
37	生产成本	核算企业进行工业性生产而发生的各项生产费用，包括生产各种产品、自制材料、自制工具等发生的生产费用
38	制造费用	核算企业生产车间、部门为生产产品和提供劳务而发生的各项间接费用
39	研发支出	核算企业进行无形资产、新产品、新工艺等研发的过程中发生的各项支出
四	所有者权益	
40	实收资本	核算企业接受投资者实际投入企业的资本金
41	资本公积	核算企业收到的投资者出资超出其在注册资本或股本中所占份额部分以及直接计入所有者权益的利得和损失等
42	盈余公积	核算企业从净利润中提取的盈余公积
43	本年利润	核算企业当年实现的利润总额和净利润
44	利润分配	核算企业利润的各项分配
五	损益类	
45	主营业务收入	核算根据收入准则确认的销售商品、提供劳务等主营业务的收入

（续表）

序号	会计科目	主要核算内容
46	其他业务收入	核算企业根据收入准则确认的除主营业务以外的其他经营活动实现的收入
47	投资收益	核算企业确认的投资收益或投资损失
48	主营业务成本	核算根据收入准则确认销售商品、提供劳务等主营业务的收入时按配比原则应予结转的成本
49	其他业务成本	核算除主营业务以外的其他日常经营活动所发生的支出
50	税金及附加	核算企业经营活动中发生的增值税、消费税、城市维护建设税、资源税和教育费附加等相关税费
51	销售费用	核算企业在销售商品和材料、提供劳务的过程中发生的各种费用
52	管理费用	核算企业为组织和管理经营活动所发生的管理费用
53	财务费用	核算企业因筹资而发生的筹资费用，包括利息、手续费、汇兑损益等
54	资产减值损失	核算企业计提各项资产减值准备所形成的损失或其他确认的资产减值损失
55	营业外收入	核算企业直接计入当期损益的各项利得、各项净收入，包括罚金收入、政府补贴等
56	营业外支出	核算企业直接计入当期损益的各项损失，包括罚款支出、滞纳金支出、公益性捐赠支出等
57	所得税费用	核算企业确认的要从当期利润总额中扣除的所得税费用，包括当期所得税费用和递延所得税费用

任务二　数字录入

一、单项选择题

1. 计算机小键盘一般有（　　）个键位。
   A. 15　　B. 14　　C. 17　　D. 18
2. 计算机小键盘上的键大部分具有双重功能，这两种功能可以使用（　　）键切换。
   A. NumLock　　B. +　　C. -　　D. Enter
3. 计算机键盘上的（　　）键上有凸起，可用来定位。
   A. 4　　B. 5　　C. Enter　　D. 1
4. 传票是记录大量数字、金额数据的载体，通常表现为（　　）载体。
   A. 电子　　B. 纸质　　C. 电子和纸质　　D. 数据
5. 使用计算机小键盘输入数字时的基准键位是（　　）键。
   A. 0、4、5、6　　B. 4、5、6
   C. Enter、4、5、6　　D. Enter、4、5

二、多项选择题

1. 使用计算机小键盘录入应遵循的原则有（　　）。

A. 手势正确、严格分工　　B. 双手配合、击键规范

C. 用力均匀、键位准确　　D. 姿势优美、力度到位

2. 使用计算机录入数字时，对坐姿的要求包括（　　）。

A. 身体平直，肩部放松，腰背不要弯曲

B. 手指自然弯曲，轻轻放在基准键位上

C. 资料放在左侧，录入时眼睛不要看键盘

D. 手指从基准键出发，指关节用力

3. 使用计算机录入时，小拇指一般用来控制（　　）键。

A. -　　B. +　　C. Enter　　D. NumLock

4. 使用计算机录入时，食指一般用来控制（　　）键。

A. Enter　　B. 7　　C. 4　　D. 1

5. 使用计算机录入时，中指一般用来控制（　　）键。

A. /　　B. 8　　C. 5　　D. 2

6. 翻打传票时，应提前整理好传票，具体内容包括（　　）。

A. 检查传票　　B. 整理传票　　C. 摆放传票　　D. 装订传票

三、判断题

1. 计算机小键盘只能用来录入数字。（　　）

2. 计算机小键盘是向计算机输入数字、发出命令的重要设备。（　　）

3. 计算机小键盘区一共 17 个键，大部分键具有双重功能。（　　）

4. 在经济业务核算中，对各种单据、发票等进行汇总计算时，一般采用加减运算。（　　）

5. 翻打传票时，主要用计算机数字小键盘将传票中的金额、账号和代码等各种数据快速准确地录入到计算机中。（　　）

6. 为了方便工作，应把传票捻成 20°左右的扇面。（　　）

7. 可以把整理好的传票放置在键盘的左侧或者桌子的左边，也可以把传票放在键盘上，不会影响录入。（　　）

四、技能练习题

1. 用计算机小键盘录入以下数字。

665　656　654　564　556　554　565　544　454　466

455　554　546　656　454　545　6 556　4 566　5 565　6 665

54 654　45 654　654 654　655 465　665 445　4 456 556　556 644　656 565　4 545 456

456 565 656　654 656 565　464 656 565　654 654 655　545 656 444　444 666 555

5 556 644 665 456　666 456 564 646　5 556 646 456　5 564 654 646

2. 用计算机小键盘或者计算器录入并计算表 3-2-1 中的合计数（包括行和列）。

表 3-2-1　数字录入计算表

序号	数字 1	数字 2	数字 3	数字 4	数字 5	合计
1	80 153. 47	7 241. 63	153. 46	603 598. 14	79. 58	
2	25. 93	218. 97	407 826. 13	5 171 524. 26	795. 61	
3	251 390. 76	8 620. 97	89. 54	7 203. 95	51 340. 97	
4	169. 48	9 437 680. 25	7 509. 32	19 784. 06	306 847. 19	
5	15 308. 76	89 034. 27	98 207. 61	9 146. 08	602. 34	
6	9 603. 27	7 558 130. 93	269 705. 83	653 072. 89	5 987. 06	
7	5 107 951. 69	364. 15	34 512. 06	14 836. 02	68. 19	
8	893 401. 52	5 129 647. 98	2 098. 53	653. 27	175 093. 48	
9	3 610. 94	80 912. 47	487. 91	574 016. 28	6 491. 02	
10	791. 58	782 503. 46	6 174 803. 74	8 576. 03	63 240. 51	
11	86 301. 45	19 074. 65	6 219. 04	382. 96	47. 29	
12	3 650. 79	2 751 296. 15	54 705. 93	810 476. 39	863. 57	
13	29. 73	620 495. 16	6 898 520. 39	682. 51	52 043. 71	
14	280 734. 61	2 083. 97	728 309. 16	64. 83	4 767 431. 16	
15	6 420. 39	94 025. 13	581. 34	340 968. 52	826 504. 31	
16	502 613. 94	456. 13	61 049. 52	3 041. 95	78. 52	
17	84 703. 92	9 350. 67	853. 29	35. 71	705 321. 98	
18	78. 29	401 863. 27	34 918. 76	962. 38	4 231. 07	
19	135. 28	276. 18	6 941. 53	28 301. 64	192. 75	
20	670 251. 93	5 942 835. 14	412 785. 08	5 989 460. 23	60 745. 28	
合计						

3. 北京木美家具有限公司 2024 年 2 月份领料单见表 3-2-2 至表 3-2-16，请根据这些领料单填写发出材料汇总表（见表 3-2-17）。

表 3-2-2　领料单 1

领料部门：车间 A

用　　途：生产用　　　　2024 年 02 月 01 日　　　　编号：578

材料编号	材料名称	规格	计量单位	数量		成本	
				请领	实发	单价	金额
	木材		立方米	5	5	2 500. 00	12 500. 00
合计				5	5		¥12 500. 00

主管：　　　　记账：　　　　仓管主管：胡栋梁　　　　领料：王大明　　　　发料：李丽

表 3-2-3　领料单 2

领料部门：车间 A
用　　途：生产用　　　　2024 年 02 月 02 日　　　　编号：579

材料编号	材料名称	规格	计量单位	数量		成本	
				请领	实发	单价	金额
	木材		立方米	6	6	2 550.00	15 300.00
合计				6	6		¥15 300.00

主管：　　记账：　　仓管主管：胡栋梁　　领料：王大明　　发料：李丽

表 3-2-4　领料单 3

领料部门：车间 B
用　　途：生产用　　　　2024 年 02 月 03 日　　　　编号：580

材料编号	材料名称	规格	计量单位	数量		成本	
				请领	实发	单价	金额
	木材		立方米	10	10	2 450.00	24 500.00
合计				10	10		¥24 500.00

主管：　　记账：　　仓管主管：胡栋梁　　领料：王大明　　发料：李丽

表 3-2-5　领料单 4

领料部门：车间 B
用　　途：生产用　　　　2024 年 02 月 05 日　　　　编号：581

材料编号	材料名称	规格	计量单位	数量		成本	
				请领	实发	单价	金额
	木材		立方米	7	7	2 500.00	17 500.00
合计				7	7		¥17 500.00

主管：　　记账：　　仓管主管：胡栋梁　　领料：王大明　　发料：李丽

表 3-2-6　领料单 5

领料部门：车间 A
用　　途：生产用　　　　2024 年 02 月 08 日　　　　编号：582

材料编号	材料名称	规格	计量单位	数量		成本	
				请领	实发	单价	金额
	木材		立方米	10	10	2 500.00	25 000.00
合计				10	10		¥25 000.00

主管：　　记账：　　仓管主管：胡栋梁　　领料：王大明　　发料：李丽

表 3-2-7　领料单 6

领料部门：车间 A
用　　途：生产用　　　　2024 年 02 月 11 日　　　　编号：583

材料编号	材料名称	规格	计量单位	数量		成本	
				请领	实发	单价	金额
	木材		立方米	5	5	2 500.00	12 500.00
合计				5	5		¥12 500.00

主管：　　记账：　　仓管主管：胡栋梁　　领料：王大明　　发料：李丽

表 3-2-8　领料单 7

领料部门：车间 B
用　　途：生产用　　　　2024 年 02 月 14 日　　　　编号：584

材料编号	材料名称	规格	计量单位	数量		成本	
				请领	实发	单价	金额
	木材		立方米	8	8	2 550.00	20 400.00
合计				8	8		¥20 400.00

主管：　　记账：　　仓管主管：胡栋梁　　领料：王大明　　发料：李丽

表 3-2-9　领料单 8

领料部门：车间 A
用　　途：生产用
2024 年 02 月 17 日
编号：585

材料编号	材料名称	规格	计量单位	数量		成本	
				请领	实发	单价	金额
	木材		立方米	6	6	2 550.00	15 300.00
合计				6	6		¥15 300.00

主管：　　记账：　　仓管主管：胡栋梁　　领料：王大明　　发料：李丽

表 3-2-10　领料单 9

领料部门：车间 A
用　　途：生产用
2024 年 02 月 19 日
编号：586

材料编号	材料名称	规格	计量单位	数量		成本	
				请领	实发	单价	金额
	木材		立方米	6	6	2 600.00	15 600.00
合计				6	6		¥15 600.00

主管：　　记账：　　仓管主管：胡栋梁　　领料：王大明　　发料：李丽

表 3-2-11　领料单 10

领料部门：车间 B
用　　途：生产用
2024 年 02 月 22 日
编号：587

材料编号	材料名称	规格	计量单位	数量		成本	
				请领	实发	单价	金额
	木材		立方米	5	5	2 600.00	13 000.00
合计				5	5		¥13 000.00

主管：　　记账：　　仓管主管：胡栋梁　　领料：王大明　　发料：李丽

表 3-2-12　领料单 11

领料部门：车间 B
用　　途：生产用　　　　2024 年 02 月 23 日　　　　编号：588

材料编号	材料名称	规格	计量单位	数量		成本	
				请领	实发	单价	金额
	木材		立方米	9	9	2 500.00	22 500.00
合计				9	9		¥22 500.00

主管：　　记账：　　仓管主管：胡栋梁　　领料：王大明　　发料：李丽

表 3-2-13　领料单 12

领料部门：车间 B
用　　途：生产用　　　　2024 年 02 月 24 日　　　　编号：589

材料编号	材料名称	规格	计量单位	数量		成本	
				请领	实发	单价	金额
	木材		立方米	8	8	2 500.00	20 000.00
合计				8	8		¥20 000.00

主管：　　记账：　　仓管主管：胡栋梁　　领料：王大明　　发料：李丽

表 3-2-14　领料单 13

领料部门：车间 B
用　　途：生产用　　　　2024 年 02 月 25 日　　　　编号：590

材料编号	材料名称	规格	计量单位	数量		成本	
				请领	实发	单价	金额
	木材		立方米	9	9	2 500.00	22 500.00
合计				9	9		¥22 500.00

主管：　　记账：　　仓管主管：胡栋梁　　领料：王大明　　发料：李丽

表 3-2-15　领料单 14

领料部门：车间 B
用　　途：生产用

2024 年 02 月 26 日　　　　编号：591

材料编号	材料名称	规格	计量单位	数量		成本	
				请领	实发	单价	金额
	木材		立方米	7	7	2 600.00	18 200.00
合计				7	7		¥18 200.00

主管：　　记账：　　仓管主管：胡栋梁　　领料：王大明　　发料：李丽

表 3-2-16　领料单 15

领料部门：车间 A
用　　途：生产用

2024 年 02 月 28 日　　　　编号：592

材料编号	材料名称	规格	计量单位	数量		成本	
				请领	实发	单价	金额
	木材		立方米	5	5	2 600.00	13 000.00
合计				5	5		¥13 000.00

主管：　　记账：　　仓管主管：胡栋梁　　领料：王大明　　发料：李丽

表 3-2-17　发出材料汇总表

2024 年 2 月

材料名称	计量单位	数量	单价	金额
合计				

会计主管：　　复核：　　制单：

任务三　计算器使用

一、单项选择题

1. 计算器按功能不同，可分为（　　）计算器、科学型计算器和程序型计算器。

A. 普通型　　B. 12 位　　C. 10 位　　D. 算术型

2. 使用计算器计算时，如果想保留 2 位小数，功能键“F　4　2　1　0　ADD_2”区域的小数点选位键应该对准（　　）。

A. F　　B. 4　　C. 2　　D. 1

3. 计算器运算键区域的（　　）键有总和计算功能。

A. MU　　B. GT　　C. MC　　D. MR

4. 利用计算器将不同面值的票币乘以其数量，然后进行汇总的方法是（　　）。

A. 账表算　　B. 传票算　　C. 票币算　　D. 混合算

5. 现有 50 张面值 100 元、30 张面值 50 元、60 张面值 20 元的票币，使用计算器计算总金额。当按下“50×100M+30×50M+60×20M+”后，应按（　　）键得出结果。

A. MU　　B. GT　　C. MC　　D. MR

二、多项选择题

1. 计算器的优点有（　　）。

A. 功能简单、运算速度快　　B. 准确性、通用性强

C. 携带性、稳定性好　　D. 成本低

2. 计算器的按键区域分为（　　）。

A. 功能键区域　　B. 数字键区域

C. 运算键区域　　D. 显示屏

3. 计算器的基准键位有（　　）键。

A. 4　　B. 5　　C. 6　　D. ×

4. 使用计算器时，应注意的事项包括（　　）。

A. 认真阅读使用说明书，了解选项与功能

B. 放置平稳，观察显示屏是否显示正常，每次运算前按清除键

C. 注意防潮防腐

D. 严防金属粉末进入计算器内

5. 使用计算器进行传票算时，应注意的事项包括（　　）。

A. 计算前检查传票本有无缺页、重页或数字不清晰的现象

B. 传票本应放在左边，答题纸应放在中间，计算器应放在右边

C. 调整好小数点选位键

D. 翻页的动作应连贯、流畅，把握好节奏

三、判断题

1. 计算器的缺点是对环境和温度相当敏感，损坏后不易修复。（ ）

2. 计算器可以侧向按键。（ ）

3. 计算器不可同时按两键，以免发生故障。（ ）

4. 击键时用力应适中，不要用臂力，尽量用腕力。（ ）

5. 账表算又称表格算，是指用横行和纵栏分别进行加减计算，最后总数轧平。（ ）

6. 使用计算器双节看记时，从最高位开始，看记第一组三位数，再看记第二组三位数，依次往后。（ ）

四、技能练习题

1. 使用普通计算器计算下列算式，要求合理使用 M+、MR、MC 键。计算前计算器存储记忆信息应清除。

（1）8 765−23×14

（2）36×48+87×59

2. 用普通计算器计算下列算式。

321+654+987+321+654+987+321+654+987

789+456+123+789+456+123+789+456+123

963+852+147+963+852+147+963+852+147

127+648+359+127+648+359+127+648+359

3. 用普通计算器进行下列计算练习。

（1）数值 741 852 963 连续加十次。

（2）数值 357 159 456 连续加十次。

（3）数值 987 654 123 连续加十次，随后再逐笔减 987 654 123 十次。

（4）数值 801 403 257 连续加十次，随后再逐笔减 801 403 257 十次。

4. 完成账表算，填写表 3-3-1 和表 3-3-2 中的合计数（包括行和列）。

表 3-3-1 计算表 1

序号	数字 1	数字 2	数字 3	数字 4	数字 5	合计
1	92 756	4 673	82 734	260 583	15 368	
2	67 340	28 059	560 892	47 602	826 074	
3	274 695	761 942	−9 140	19 583	39 162	
4	10 329	63 405	61 509	764 805	10 457	
5	856 013	26 910	748 365	61 749	63 129	
6	5 607	10 358	21 870	7 563	921 480	

（续表）

序号	数字 1	数字 2	数字 3	数字 4	数字 5	合计
7	31 475	964 273	−5 674	36 910	65 074	
8	86 253	80 954	941 537	72 083	748 659	
9	9 874	5 073	86 921	921 374	16 207	
10	765 098	741 962	38 659	56 172	2 843	
合计						

表 3−3−2　计算表 2

序号	数字 1	数字 2	数字 3	数字 4	数字 5	合计
1	56 756	44 673	62 734	10 523	53 148	
2	67 340	28 059	560 892	47 602	326 074	
3	274 521	761 942	−9 140	19 846	39 162	
4	6 329	63 405	75 569	764 805	10 457	
5	463 013	83 910	748 365	61 749	63 129	
6	5 607	10 358	21 870	7 563	921 480	
7	1 475	158 637	−5 674	36 431	65 074	
8	52 233	70 954	541 537	72 083	348 659	
9	9 874	5 073	42 159	721 374	26 207	
10	95 098	91 962	38 659	56 172	1 843	
合计						

5. 填制职工薪酬汇总表（见表 3−3−3）。

表 3−3−3　职工薪酬汇总表

人员类别		计时工资	计件工资	奖金		津贴和补贴		应付职工薪酬
				综合类	单项类	夜班津贴	出差补贴	
生产车间	工人	0	52 000	11 000	440	420	96	
	管理人员	5 600	0	727	0	210	320	
辅助车间	工人	0	13 000	0	820	457	150	
	管理人员	4 900	0	859	0	250	405	
厂部管理人员		5 800	0	370	368	90	540	
销售部门人员		8 200	0	0	562	573	1 250	
合计								

6. 分组比赛，准备计算器、传票算试题和答案纸，传票算每 20 页为一题，规定计算某一行数字的合计数。采用限时不限量的比赛方法，每场比赛 10 分钟，每算对一题得 15 分。

7. 将表 3−3−4 至表 3−3−6 中各种币别乘以其对应的数量，然后进行累加，求出合计数。（使用计算器累加计算时，应先将计算器存储记忆信息清除。）

表 3-3-4　票币计算练习表 1

序号	面额	1 列（张）	2 列（张）	3 列（张）
1	100 元	30	40	50
2	50 元	30	20	15
3	20 元	45	60	32
4	10 元	40	50	70
5	5 元	10	60	34
6	1 元	20	34	60
7	5 角	40	23	19
8	1 角	20	19	60
金额合计				

表 3-3-5　票币计算练习表 2

序号	面额	1 列（张）	2 列（张）	3 列（张）
1	100 元	50	60	70
2	50 元	20	70	28
3	20 元	15	10	32
4	10 元	30	50	62
5	5 元	20	30	34
6	1 元	10	34	37
7	5 角	40	63	25
8	1 角	10	19	16
金额合计				

表 3-3-6　票币计算练习表 3

序号	面额	1 列（张）	2 列（张）	3 列（张）
1	100 元	74	68	70
2	50 元	53	70	39
3	20 元	15	82	32
4	10 元	38	50	56
5	5 元	20	40	34
6	1 元	18	34	48
7	5 角	42	25	25
8	1 角	10	10	30
金额合计				

项目四　Excel 在会计工作中的基本运用

任务一　数据录入与编辑

一、单项选择题

1. Excel 中的工作簿是指（　　）。

A. 一本书　　B. 一种记录方式

C. Excel 软件建立的文档　　D. Excel 文档的归档方法

2. Excel 文件的默认扩展名是（　　）。

A. docx　　B. xlsx　　C. pptx　　D. txt

3. 在 Excel 单元格中输入数据时，文本数据默认的对齐方式是单元格内靠（　　）对齐。

A. 左　　B. 右　　C. 上　　D. 下

4. 在 Excel 中，第 4 行第 2 列的单元格位置可表示为（　　）。

A. 42　　B. 24　　C. B4　　D. 4B

5. Excel 工作表的列标表示为（　　）。

A. 1、2、3……　　B. A、B、C……

C. 甲、乙、丙……　　D. Ⅰ、Ⅱ、Ⅲ……

6. 下列关于 Excel 单元格内容的说法，正确的是（　　）。

A. 只能包含数字　　B. 可以是数字、字符、公式等

C. 只能包含文字　　D. 以上都不对

7. 当 Excel 单元格内数据输入错误时，可以按（　　）键删除数据，或直接在单元格输入正确数据代替。

A. Shift　　B. Ctrl　　C. Alt　　D. Delete

8. 在 Excel 表格中自动填充序号时，可以通过（　　）键配合鼠标进行操作。

A. Shift　　B. Ctrl　　C. Alt　　D. Delete

9. Excel 工作表的默认名称是（　　）。

A. Xlstar　　B. Excel　　C. Sheet 1　　D. Table 1

10. Excel 工作表的标签在工作表的（　　）。

A. 上方　　B. 下方　　C. 左方　　D. 右方

11. 在 Excel 单元格内输入 2/7，表示（　　）。

A. 2 除以 7　　B. 2 月 7 日　　C. 字符串"2/7"　　D. 7 除以 2

12. 在 Excel 中新建一个空白工作簿，快捷键是（　　）。

A. Alt+F2　　B. Ctrl+O　　C. Alt+F4　　D. Ctrl+N

13. 在 Excel 中，一个工作簿默认打开 3 个工作表。若需增加工作表，快捷键为（　　）。

A. Ctrl+F11　　B. Alt+F12　　C. Ctrl+F12　　D. Shift+F11

二、多项选择题

1. Excel 文本数据可由（　　）、空格等组合而成。

A. 汉字　　B. 数字　　C. 字母　　D. 特殊符号

2. 在 Excel 表格中填充日期序列时，有以（　　）填充的选项。

A. 天数　　B. 月　　C. 工作日　　D. 年

3. 在 Excel 表格中，当一个单元格的数据输入完后，按（　　）键或单击下一个单元格都可以选择需要输入数据的下一个单元格。

A. Tab　　B. Ctrl　　C. Enter　　D. 光标键

三、判断题

1. 在 Excel 中输入数值时，数值的特点是可以对其进行算术运算。（　　）
2. 在 Excel 中，被选中的单元格称为活动单元格。（　　）
3. 在 Excel 中可以打开多个工作簿，因此，可以同时对多个工作簿进行操作。（　　）
4. 可以在 Excel 活动单元格和编辑栏的编辑框中输入或编辑数据。（　　）
5. 在 Excel 中，所有的操作都能撤销。（　　）
6. Excel 允许一个工作簿包含多个工作表。（　　）
7. Excel 将工作簿的每一张工作表分别作为一个文件来保存。（　　）
8. 在 Excel 中插入单元格时，一定是插入一行或插入一列。（　　）
9. 在 Excel 中输入日期型数据时，必须切换到中文状态。（　　）
10. 打开一个 Excel 工作簿后，在窗口底部显示的"Sheet…"标签表示的是工作表，有几个标签就代表有几张工作表。（　　）

四、技能练习题

1. 使用 Excel 创建空白工作簿并保存工作簿，文件名为"成绩统计表 .xlsx"。
2. 使用 Excel 录入如图 4-1-1 所示各行与各列内容，然后保存。

XX技师学院学生成绩统计表

系部：财经商贸系　　专业：会计

序号	学号	姓名	语文	数学	英语	基础会计	会计电算化	会计技能	信息技术
1	KJ-01	王一琳	78	80	90	88	80	81	80
2	KJ-02	张林轩	80	65	81	85	77	70	69
3	KJ-03	谢梦雅	72	78	84	90	88	70	74
4	KJ-04	张佳慧	71	80	77	80	64	78	80
5	KJ-05	张紫静	88	70	89	90	80	86	82
6	KJ-06	王绍震	70	76	77	68	68	70	70
7	KJ-07	寇若静	85	75	75	76	64	76	70
8	KJ-08	冯潇洋	75	69	70	74	76	70	73
9	KJ-09	常佳欣	80	75	80	77	80	64	78
10	KJ-10	肖雅菲	87	71	70	89	90	80	86
11	KJ-11	祖一凡	79	70	76	77	68	68	70
12	KJ-12	李紫彤	87	69	78	80	90	88	64
13	KJ-13	张雅茹	80	66	80	65	81	85	70
14	KJ-14	张爱景	91	75	72	78	84	90	85
15	KJ-15	孙晓鹏	74	66	78	80	75	86	79

图 4-1-1　××技师学院学生成绩统计表效果图

任务二　数据管理与分析

一、单项选择题

1. 将 Excel 表中的单列数据按照 Excel 默认的升序或降序的方式排序是（　　）排序。

A. 简单　　B. 复杂　　C. 混合　　D. 多关键字

2. 在 Excel 工作表中快速查找具有特定条件的数据的操作是（　　）。

A. 排序　　B. 查找　　C. 替换　　D. 数据筛选

3. 用 Excel 对汉字进行排序时，是按（　　）顺序进行升序或降序。

A. 数字　　B. 拼音字母　　C. 汉字笔画　　D. 符号

4. 利用 Excel（　　）选项卡下的“分级显示”命令组中的“分类汇总”命令可以创建分类汇总。

A. “开始”　　B. “插入”　　C. “公式”　　D. “数据”

5. 利用 Excel（　　）选项卡下的“表格”命令组中的“数据透视表”命令可以建立数据透视表。

A. “开始”　　B. “插入”　　C. “公式”　　D. “数据”

6. 在 Excel 中创建图表主要利用（　　）选项卡下的“图表”命令组的有关命令完成。

A. “开始”　　B. “插入”　　C. “公式”　　D. “数据”

7. Excel 中的（　　）可以比较一段时间内两个或多个项目的数量差别。

A. 柱形图　　B. 折线图　　C. 饼图　　D. 地图

8. Excel 中的（　　）可以按类别表示一段时间内数据的变化趋势。

A. 柱形图　　B. 折线图　　C. 饼图　　D. 地图

9. Excel 中的（　　）可以在单组中描述部分与整体的关系。

A. 柱形图　　B. 折线图　　C. 饼图　　D. 地图

10. 利用 Excel 图表工具中的（　　）功能区可以对图表形状样式、艺术字样式、排列及大小等进行设置。

A. “设计”　　B. “布局”　　C. “格式”　　D. “样式”

二、多项选择题

1. 正确使用 Excel 提供的（　　）工具，能够有效管理庞杂的数据，从而提高工作效率。

A. 查找　　B. 排序　　C. 筛选　　D. 汇总

2. Excel 中的多关键字排序是对工作表中的数据按两个或两个以上的关键字进行排序，其关键字包括（　　）关键字。

A. 主要　　B. 次要　　C. 第三　　D. 第四

3. 在 Excel 的“排序依据”下拉列表框中不仅可以选择按单元格值排序，还可以按（　　）进行排序。

A. 单元格颜色　　B. 字体颜色　　C. 边框底纹　　D. 单元格背景

4. Excel 中的筛选分为（　　）。

A. 自动筛选　　B. 混合筛选　　C. 自定义筛选　　D. 高级筛选

5. 使用 Excel 的排序功能可以方便地进行数据（　　）。

A. 查找　　B. 观察　　C. 分析　　D. 替换

6. 在 Excel 中创建图表后，显示“图表工具”选项卡，包括（　　）功能区。

A. “设计”　　B. “布局”　　C. “格式”　　D. “样式”

7. 利用 Excel 数据透视表可以对数据进行（　　），还能立即计算出结果。

A. 重新布局　　B. 筛选　　C. 查找选择　　D. 分类汇总

8. 在 Excel 中，制作图表的内容包括（　　）。

A. 分级显示　　B. 创建数据图表

C. 编辑图表　　D. 设置图表对象的格式

9. Excel 图表工具中的“设计”功能区可用来对图表的（　　）进行修改。

A. 数据源　　B. 布局　　C. 样式　　D. 位置

三、判断题

1. 对 Excel 工作表中的数据进行数据库操作时，数据必须按“数据清单”方式保存。（　　）

2. 如果 Excel 表格的标题已经合并，在排序时不能正常显示字段名，只需在标题下插入一行空行，再排序即可。 ( )

3. 在 Excel 中调用筛选命令后，筛选箭头会出现在每一个字段左侧，各个字段之间是“并且”的关系，即筛选后显示同时满足所有条件的数据。 ( )

4. 在 Excel 表格中可以选取分散的单元格区域进行排序。 ( )

5. Excel 的分类汇总是对数据内容进行分析的一种方法。 ( )

6. 在 Excel 中，只能对若干数据进行分类汇总，且数据的第一行必须有行标题。 ( )

7. Excel 可以根据表格中的数据生成各种形式的图表，从而直观、形象地表示和反映数据的变化，易于对数据进行阅读、评价、比较和分析。 ( )

8. Excel 数据透视表是交叉式报表，可快速合并和比较大量数据。 ( )

9. 利用 Excel 中的面积图，可以在水平方向上比较不同类别的数据。 ( )

四、技能练习题

1. 新建一个名为“竞赛成绩统计表.xlsx”的文件，按图 4-2-1 所示输入数据。然后按照下列要求完成操作（操作结果可参考图 4-2-1）。

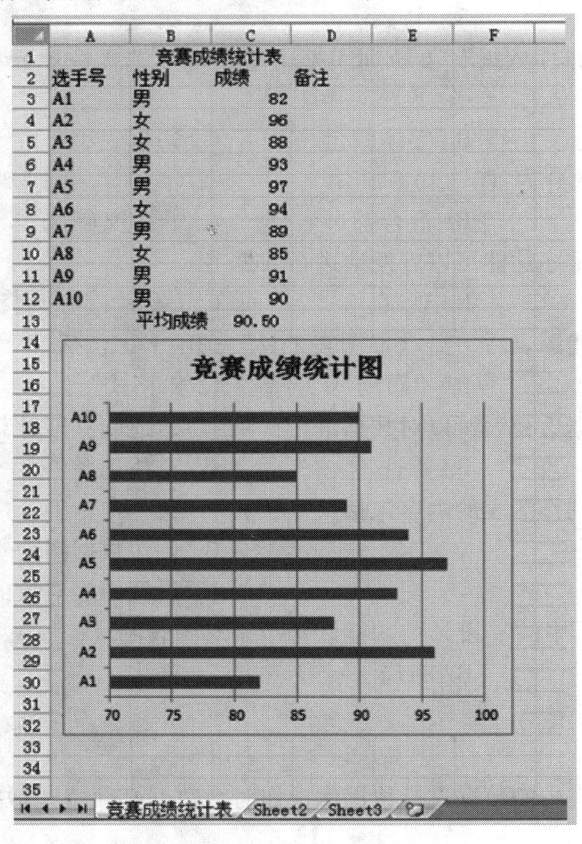

	A	B	C	D
1		竞赛成绩统计表		
2	选手号	性别	成绩	备注
3	A1	男	82	
4	A2	女	96	
5	A3	女	88	
6	A4	男	93	
7	A5	男	97	
8	A6	女	94	
9	A7	男	89	
10	A8	女	85	
11	A9	男	91	
12	A10	男	90	
13		平均成绩	90.50	

图 4-2-1　竞赛成绩统计表

（1）将 sheet1 工作表的 A1：D1 单元格合并为一个单元格，内容水平居中。

（2）在 C13 单元格内计算平均成绩，保留小数点后两位。

（3）选取“选手号”和“成绩”列（“平均成绩”行不选）的内容制作“簇状条形图”（数据系列产生在“列”），在图表上方插入图表标题“竞赛成绩统计图”，清除图例。将图插入工作表 A14：F33 单元格区域，将 sheet1 工作表重命名为“竞赛成绩统计表”。

2. 新建一个名为“人力资源情况表 . xlsx”的文件，按图 4-2-2 所示输入数据。然后按照下列要求完成操作（操作结果可参考图 4-2-2）。

	A	B	C	D	E	F	G	H	I
1	某IT公司某年人力资源情况表								
2	编号	部门	组别	年龄	性别	学历	职称	工资	
6	C035	工程部	E3	32	男	硕士	工程师	4000	
8	C012	工程部	E2	35	女	硕士	高工	5000	
12	C001	工程部	E1	28	男	硕士	工程师	4000	
22	C028	开发部	D2	29	男	硕士	工程师	3500	
23	C038	开发部	D2	28	男	硕士	工程师	3500	
25	C002	开发部	D1	26	女	硕士	工程师	3500	
32	C024	培训部	T2	32	男	硕士	工程师	3500	
35	C029	培训部	T1	28	男	硕士	工程师	3500	
39	C004	销售部	S1	32	男	硕士	工程师	3500	

图 4-2-2　人力资源情况表

（1）对表内数据按主要关键字“部门”的升序次序和次要关键字“组别”的降序次序进行排序。

（2）对排序后的数据进行自动筛选，条件为：年龄在 35 岁及以下，学历为硕士。工作表名不变。

3. 新建一个名为“期末考试成绩单 . xlsx”的文件，按图 4-2-3 所示输入数据。然后按照下列要求完成操作（操作结果可参考图 4-2-3）。

	A	B	C	D	E	F	G
1	学号	姓名	班级	语文	数学	政治	平均成绩
2	011023	张磊	1班	67	78	65	70.00
3	011027	张在旭	1班	50	69	80	66.33
4	011028	金翔	1班	91	75	77	81.00
5	011029	扬海东	1班	68	80	71	73.00
6	011022	王文辉	1班	70	67	73	70.00
7	011021	李新	1班	78	69	95	80.67
8	011030	黄立	1班	77	53	84	71.33
9	011024	郝心怡	1班	82	73	87	80.67
10	011025	王力	1班	89	90	63	80.67
11	011026	孙英	1班	66	82	52	66.67
12			1班 平均值				74.03
13	012011	王春晓	2班	95	87	78	86.67
14	012017	张平	2班	80	78	50	69.33
15	012016	高晓东	2班	52	91	66	69.67
16	012020	李新	2班	84	82	77	81.00
17	012013	姚林	2班	65	76	67	69.33
18	012014	张雨涵	2班	87	54	82	74.33
19	012012	陈松	2班	73	68	70	70.33
20	012019	黄红	2班	71	76	68	71.67
21	012015	钱民	2班	63	82	89	78.00
22	012018	李英	2班	77	66	91	78.00
23			2班 平均值				74.83
24	013007	陈松	3班	94	81	90	88.33
25	013003	张磊	3班	68	73	69	70.00
26	013011	王文辉	3班	82	84	80	82.00
27	013010	李英	3班	76	51	75	67.33
28	013005	张在旭	3班	52	87	78	72.33
29	013008	张雨涵	3班	78	80	82	80.00
30	013004	王力	3班	75	65	67	69.00
31	013006	扬海东	3班	86	63	73	74.00
32	013009	高晓东	3班	66	77	69	70.67
33			3班 平均值				74.85
34			总计平均值				74.56

图 4-2-3　期末考试成绩单

对表内的数据进行分类汇总，分类汇总前先按“班级”升序次序排序，分类字段为“班级”，汇总方式为“平均值”，汇总项为“平均成绩”，汇总结果显示在数据下方。

任务三　公式与函数的运用

一、单项选择题

1. 在 Excel 中，定义公式的开头符号是（　　）。

A. =　　B. ”　　C. :　　D. *

2. 在 Excel 的算术运算符中，优先级最高的是（　　）。

A. !　　B. *　　C. &　　D. %

3. 在 Excel 中，使用“D1”引用单元格地址，这称为对单元格地址的（　　）引用。

A. 相对　　B. 绝对　　C. 混合　　D. 交叉

4. 在 Excel 中，（　　）函数为求和函数。

A. MAX　　B. MIN

C. AVERAGE　　D. SUM

5. 当把 Excel 公式复制到一个新位置时，公式中（　　）不会发生变化。

A. 相对地址　　B. 绝对地址　　C. 列标　　D. 行号

6. 在 Excel 公式中引用单元格时，可以引用同一工作簿下不同工作表中的单元格，用（　　）表示。

A. 冒号　　B. 逗号　　C. 感叹号　　D. 引号

7. 在 Excel 中，（　　）表示对连续单元格的引用。

A. 冒号　　B. 逗号　　C. 感叹号　　D. 引号

8. 在 Excel 中，（　　）表示对不连续单元格的引用。

A. 冒号　　B. 逗号　　C. 感叹号　　D. 引号

二、多项选择题

1. 对 Excel 单元格的引用可使用（　　）等符号。

A. 冒号　　B. 逗号　　C. 感叹号　　D. 引号

2. Excel 中单元格的地址分为（　　）。

A. 相对地址　　B. 绝对地址　　C. 交叉地址　　D. 混合地址

3. 在 Excel 中输入“+”“-”“*”“/”等运算符号时，要切换到（　　）状态。

A. 半角　　B. 英文　　C. 全角　　D. 中文

4. Excel 运算主要包含（　　）运算。

A. 算术　　B. 比较　　C. 文本　　D. 引用

三、判断题

1. 当需要在 Excel 公式中引用单元格时，可以直接使用键盘在公式中输入单元格地址，也可以用鼠标单击该单元格。 (　　)

2. 在 Excel 单元格的行号、列标前面各加上一个“＄”符号，表示单元格地址。 (　　)

3. Excel 单元格的引用是指在公式中使用单元格的地址作为运算项，引用时单元格地址代表了该单元格中的数据。 (　　)

4. Excel 公式可以复制到工作表任意一个新位置。 (　　)

5. Excel 中的自动计算既可以计算相邻数据区域的数值，也可以计算不相邻数据区域的数值。 (　　)

6. Excel 中的 MIN 函数为最大值函数，用于计算各数据中的最大值。 (　　)

7. Excel 中的 AVERAGE 函数为算术平均值函数，用于计算各数据的算术平均值。 (　　)

8. Excel 函数由函数名和函数参数组成，如=SUM（A1，A3，A5）。 (　　)

9. Excel 函数共有 11 类，分别是数据库函数、日期与时间函数、工程函数、财务函数、信息函数、逻辑函数、查询和引用函数、数学和三角函数、统计函数、文本函数及用户自定义函数。 (　　)

四、技能练习题

1. 新建一个名为“经济增长指数对比表 . xlsx”的文件，按图 4-3-1 所示输入数据，然后按照下列要求完成操作（操作结果可参考图 4-3-1）。

（1）将工作表 sheet1 中的 A1：M1 单元格合并为一个单元格，内容水平居中。

（2）利用 AVERAGE 函数计算“全年平均”列的内容。该列数据为数值型，保留小数点后两位。

（3）利用 MAX 函数和 MIN 函数计算“最高值”“最低值”行的数值。该行数据为数值型，保留小数点后两位。

	A	B	C	D	E	F	G	H	I	J	K	L	M
1	某地区经济增长指数对比表												
2	月份	2月	3月	4月	5月	6月	7月	8月	9月	10月	11月	12月	全年平均
3	03年	83.9	102.4	113.5	119.7	120.1	138.7	137.9	134.7	140.5	159.4	168.7	129.05
4	04年	101.00	122.70	139.12	141.50	130.60	153.80	139.14	148.77	160.33	166.42	175.00	143.49
5	05年	146.96	165.60	179.08	179.06	190.18	188.50	195.78	191.30	193.27	197.98	201.22	184.45
6	最高值	146.96	165.60	179.08	179.06	190.18	188.50	195.78	191.30	193.27	197.98	201.22	184.45
7	最低值	83.90	102.40	113.50	119.70	120.10	138.70	137.90	134.70	140.50	159.40	168.70	129.05

图 4-3-1　经济增长指数对比表

2. 新建一个名为“电器销售情况表 . xlsx”的文件，按图 4-3-2 所示输入数据，然后按照下列要求完成操作（操作结果可参考图 4-3-2）。

（1）将工作表 sheet1 中的 A1：D1 单元格合并为一个单元格，内容水平居中。

（2）用公式计算“销售额”列的内容（销售额=单价×数量），该列所有单元格的数字类型为货币型（¥），小数位数为 0。

（3）用公式计算“总计”行的内容。

	A	B	C	D
1	某超市电器销售情况表（元）			
2	产品	单价	数量	销售额
3	微波炉	6900	680	¥4,692,000
4	洗衣机	1200	250	¥300,000
5	电视机	3590	85	¥305,150
6	空调器	378	220	¥83,160
7	电磁炉	489	356	¥174,084
8		总计	1591	¥5,554,394

图 4-3-2 电器销售情况表

3. 新建一个名为“学生考试成绩表 . xlsx”的文件，按图 4-3-3 所示输入数据，然后按照下列要求完成操作（操作结果可参考图 4-3-3）。

（1）在工作表 sheet1 中计算“总成绩”列的内容。

（2）利用 IF 函数实现以下结果：如果总成绩大于或等于 200，则在“备注”栏内显示“有资格”，否则显示“无资格”。

（3）将工作表 sheet1 重命名为“考试成绩表”。

	A	B	C	D	E	F
1	学生考试成绩表					
2	学号	语文	数学	英语	总成绩	备注
3	M001	89	74	75	238	有资格
4	M002	77	73	73	223	有资格
5	M003	92	83	86	261	有资格
6	M004	67	86	45	198	无资格
7	M005	87	90	71	248	有资格
8	M006	71	84	95	250	有资格
9	M007	70	78	83	231	有资格
10	M008	79	67	80	226	有资格
11	M009	84	50	69	203	有资格
12	M010	55	72	69	196	无资格

图 4-3-3 学生考试成绩表